Ed. Du TRÉMOND

Congrès
Archéologique

DE CHARTRES

(1900)

VANNES
IMPRIMERIE LAFOLYE FRÈRES

1903

CONGRÈS ARCHÉOLOGIQUE DE CHARTRES

Congrès Archéologique

DE CHARTRES

(1900)

VANNES
IMPRIMERIE LAFOLYE FRÈRES
—
1902

CONGRÈS ARCHÉOLOGIQUE
DE CHARTRES
(1900)

I

Arrivée à Chartres. — Résumé historique. — Promenade en ville.

Mardi 26 juin.

La soixante-septième session de la Société Française d'Archéologie a eu lieu en 1900, à Chartres, ville connue dans le monde savant, par son incomparable cathédrale et qui rappelle de nombreux souvenirs historiques.

Le 26 juin, j'arrive dans le chef-lieu du département d'Eure-et-Loir, puis je vais m'installer, rue de la Tuillerie, logement assigné à l'auteur de ces lignes, par le Comité d'organisation.

Dans la soirée, je fais une promenade de reconnaissance dans l'ancienne cité des Carnutes. La majestueuse cathédrale, bâtie sur un monticule, offre un aspect ravissant avec ses deux clochers. Je ferai plus tard la description de cette splendide basilique, visible de tous les points de la ville.

Je pars du *Marché aux Chevaux*, vaste place rectangulaire, située non loin de la rue Jean de Beauce, qui fait face à l'embarcadère du chemin de fer de l'Ouest et séparée du boulevard Sainte-Foy, par la rue de la Couronne. En longeant le boulevard, je passe à côté des jardins de la Préfecture, monument sans caractère. Plus loin, la place du Châtelet, placée à la base de l'élévation de terrain sur laquelle s'échafaude la ville haute. Une très belle promenade plantée d'arbres séculaires, appelée la Butte des Charbonniers, se dessine au pied de l'enceinte fortifiée qui entourait autrefois la cité féodale ayant appartenu à Thibault le Tricheur (Xe siècle). Quelques vestiges de vieilles murailles munies de tourelles existent encore. En face, se trouve l'asile des Petites-Sœurs des Pauvres, monument moderne, mais très spacieux. Un magnifique parc, ouvert au public, planté à l'anglaise, nommé le clos Saint-Jean, à proximité de la Butte des Charbonniers, sert de lieu de promenade et de divertissements aux babies du voisinage qui se livrent à tous les ébats de leur âge. Je ne parle pas du Palais de Justice, parce qu'il n'offre rien d'intéressant. Après avoir traversé la place Drouhaise, on traverse l'Eure, divisée en deux bras. Quels admirables sujets de tableaux un paysagiste peut prendre dans cette partie du vieux Chartres ! Le soleil couchant enveloppe de ses rayons écarlates l'ensemble de la cathédrale, et l'on pourrait croire que cet édifice sans pareil, qui nous a été légué par l'art chrétien, est embrasé.

Je me souviens — d'après le témoignage de quelques habitants de Chartres — que la cathédrale était dotée d'une charpente de bois, sans rivale, mais le 14 juin 1836, la forêt— expression déterminant l'ouvrage des pièces de bois taillées — fut détruite par un incendie, par suite de l'imprudence de deux ouvriers plombiers, employés pour réparer la toiture. La population tout entière accourut au bruit assourdissant du tocsin et lutte depuis six heures du soir jusqu'à trois heures du matin, afin de combattre le sinistre. Je dois dire que les travailleurs ont été dignes d'éloges, attendu que des myriades d'étincelles et une pluie de gouttes de plomb fondu rendaient le lieu de l'incendie presque inabordable. Les beffrois furent consumés et les cloches furent fondues. Cependant, aucune perte à déplorer dans l'intérieur du monument. Les splendides verrières n'ont pas été endommagées. Le gouvernement de Louis-Philippe (M. Sauzet était alors ministre des cultes) alloua à la cathédrale de Chartres la somme de 1,185,000 francs. La charpente en bois fut remplacée par une autre mi-partie en fer, mi-partie en fonte, puis la toiture en plomb par une couverture en cuivre.

Je continue ma promenade par le boulevard des Filles-Dieu, également planté de beaux arbres arrosés par le cours de la rivière aux eaux noirâtres se dirigeant vers le nord et qui entourent cette partie de la ville ; tandis que l'autre bras de l'Eure sert à faire mouvoir plusieurs usines. Quelques pas plus loin, je passe à côté d'une porte fortifiée, appelée la Porte-Guillaume, mais je ne puis l'admirer dans tous ses détails, car l'obscurité est à peu près complète. J'en parlerai plus tard.

Le crépuscule commence à couvrir l'horizon de ses ailes sombres. Cependant la vue de cette partie de la ville est de toute beauté ! La colline sur laquelle est bâtie Chartres paraît être coupée droite ; les maisons donnent l'illusion de palais enchantés, c'est-à-dire que les habitations, étagées et cramponnées au rocher, sont dépourvues de voies publiques et les jardins paraissent suspendus. La cathédrale, placée au sommet du monticule, se montre dans toute sa majesté, ainsi que son imposante abside et les pointes de ses merveilleux clochers semblent percer la voûte céleste parsemée d'étoiles. Je ne puis m'arracher à la contemplation de ce splendide panorama !!!

Le boulevard Morand fait suite à celui des Fossés-Porte-Guillaume, puis après avoir franchi le Pont de la Courtille, — vieux mot français qui signifie jardin — je longe un vaste enclos attenant à une caserne de cavalerie, voisine d'une église dissimulée dans la pénombre. J'ai appris dans la suite que ce monument était placé sous le vocable de saint Pierre. A gauche le Marché aux moutons, puis un élégant square se montre devant le lycée bâti en 1888, vaste construction recouverte en tuiles rouges et qui a coûté la somme de trois millions. C'était avant la Révolution, un couvent qui appartenait aux Cordeliers. Par une ironie du sort, « Le Roy remplace le Prieur ».

J'avise une tour, ayant la prétention d'avoir quelque rapport avec l'époque ogivale. J'apprends que c'est le château d'eau. La place Saint-Michel est uniforme ; je veux dire que toutes les maisons ont le caractère de l'époque de la fin du XVIIIe siècle. En remontant le boulevard Chasles, je passe devant la maison dans laquelle est né le poète satirique Reignier. (1) Je ne m'arrête pas devant le tribunal de commerce,

(1) Otez — votre chapeau — c'est Mathurin Reignier
    De l'immortel Molière, immortel devancier,

construction toute moderne. Un vaste bâtiment est placé à gauche — c'est le théâtre. J'en ferai demain la description, attendu que c'est dans ce local que doit avoir lieu la séance d'ouverture du congrès. Le boulevard Chasles — nom donné en souvenir d'un ancien député et maire de Chartres (1795-1868) — se termine en face de la place des Epars. Ce lieu public, de forme circulaire, rappelle le fait d'armes de l'année 911, époque à laquelle les Normands, venus pour piller Chartres, furent taillés en pièces, mis en fuite et par conséquent *épars*. La statue du général Marceau occupe le centre de cette promenade : érigée en 1851, cette œuvre d'art a été fondue par Préault.

J'ai promis à mes lecteurs une notice historique de la ville de Chartres. Je vais tâcher de faire de mon mieux, c'est-à-dire de ne pas m'égarer trop longuement dans les dédales de la narration.

Chartres (1) était autrefois capitale des Carnutes, peuplade guerrière et émigrante qui provenait de l'autre côté des Alpes. Ces hordes de barbares professaient la religion des Druides. D'après certains antiquaires, au lieu dit *la Garenne de Poisvilliers* il y avait un collège important de prêtres gaulois (2). Plusieurs dolmens existent encore dans les environs. Après la conquête romaine, *Autricum* devint la ville la plus importante de la quatrième Lyonnaise, après Sens. Sous les rois francs, on la qualifie de *ville de Pierre*, à cause de la hauteur et de la solidité de ses murailles. Cependant, elle fut prise par les Normands qui l'incendièrent en 858. Assiégée par Rollon, chef scandinave, elle fut sauvée en 911, par l'évêque Goussaume, qui, du haut des murailles, agita, en guise de bannière, la sainte chemise de la Vierge. Les assiégés reprirent courage, puis un corps de Bourguignons et de Francs culbuta les Normands dans le Pré des Reculés, situé aux portes de la ville. En 922, les anciennes chroniques enregistrent que le premier comte de Chartres fut Thibault le Tricheur.

---

(1) Carnatorum civitas.
(2) Abel Hugo, *France Pittoresque*, t. II, p. 17.

Ce fut à Chartres que la réconciliation — peu sincère — fut faite en 1409, entre Jean-sans-Peur et les princes d'Orléans. Les historiens de l'époque qualifient ce raccommodement éphémère de *paix pourrie*. Pendant les querelles des Bourguignons et des Armagnacs qui soulevèrent des guerres qui furent profitables aux Anglais, Chartres tomba en leur pouvoir (1417). Mais le brave Dunois la reconquit par suite d'un stratagème. Deux bourgeois de la dite ville, Bouffineau et Lesueur, marchands de sel, en revenant d'Orléans, se présentèrent à la porte Saint-Michel, avec un convoi contenant, d'après leur affirmation, du sel et des aloses. Les gardes ouvrirent les portes sans difficulté. Mais aussitôt que le pont-levis fut baissé, les faux charretiers changèrent leur fouet pour une épée et se jettent dans la ville. Les couvercles des tonneaux se soulèvent, et une certaine quantité de soldats se précipite sur la garnison anglo-bourguignonne, prise à l'improviste. Pendant ce temps-là, Dunois attaque la ville sur un autre point, puis la ville est définitivement conquise au roi de France (1432).

Le prince de Condé, général en chef de l'armée protestante, vient mettre le siège devant Chartres en 1568. Les huguenots avaient dirigé leur attaque du côté de la porte Drouaise. Leur artillerie, fort puissante, pour l'époque avait entouré les fortifications de la ville et ouvert une brèche, quand au moment où l'armée de Condé allait tenter l'assaut, celui-ci fut obligé de battre en retraite, et Chartres fut sauvée. Les chroniqueurs du temps ont attribué ce miracle à l'intercession de la Vierge, attendu qu'une statue de la mère du Sauveur était placée au-dessus de la porte Drouaise. Cette statue a disparu vers la fin du siècle dernier.

En 1591, cette ville, qui était au pouvoir des Ligueurs, fut prise par Henri IV. Il paraîtrait que le roi de Navarre fit son entrée par la porte Saint-Michel et que le premier échevin, après lui avoir remis les clefs de la ville, en lui disant que la cité appartenait au roi par le droit divin et par le droit civil, le Béarnais coupa court à la longue harangue du premier magistrat municipal, en s'écriant : « Ventre Saint-Gris !!! ajoutez le droit canon et laissez-nous passer !!! Trois ans après, Henri IV se fit sacrer dans la cathédrale, sous l'épiscopat de Nicolas de Thou, parce que Reims était encore sous la domination du duc de Mayenne (27 février 1594).

Le territoire de Chartres fut érigé, en 1528 en duché, par François Iᵉʳ, en faveur de Renée de France, duchesse de Ferrare. Louis XIII le donna à son frère Gaston d'Orléans, puis il passa à Philippe Iᵉʳ, duc d'Orléans, frère puîné de Louis le Grand. Depuis cette époque jusqu'à la Révolution, cette seigneurie a appartenu à la famille d'Orléans. Le titre de duc de Chartres a été porté par Louis-Philippe, roi des Français. Il y a lieu de noter que sous l'ancienne monarchie, il y avait à Chartres une vidamie qui fut possédée par les maisons de Vendôme et de Ferrare (1).

II

Mercredi 27 juin.

Description de quelques monuments de Chartres. — Historique de la Cathédrale. — Séance d'ouverture. — Visite de l'Hôtel-de-Ville, du Musée et de la Bibliothèque. — Séance.

Avant l'heure du déjeûner, je fais une promenade matinale dans les rues de Chartres.

Mon point de départ est la place Sainte-Foy : je visite la chapelle de ce nom, ancien local des Jésuites et qui appartient actuellement à une congrégation de Frères Prêcheurs. Elle a été reconstruite en 1862 dans le style ogival. Quelques verrières modernes, stalles et maître-autel, en chêne sculpté, peintures à fresque. Voici à peu près le résumé rapide des curiosités renfermées dans cet asile de paix et de piété. Dans le voisinage, je rencontre la préfecture et je me dirige vers la cathédrale, par un dédale de petites ruelles bordées de maisons en bois et à ressauts. Les flèches de cette imposante basilique

---

(1) **Grande Encyclopédie**, t. x, p. 820.

dominent toutes les autres habitations et me servent de point de repère.

J'arrive place de la Cathédrale. Je suis émerveillé par l'ensemble, les proportions et la configuration de ce monument, la plus heureuse construction ogivale bâtie au moyen-âge. Cet édifice a enthousiasmé un écrivain de nos jours qui a séjourné plusieurs mois à Chartres afin de composer un volume de près de 500 pages, destiné à analyser les splendeurs de cette église dédiée à la Vierge. Je ne le suivrai pas sur le terrain mystique, parce que mes faibles lumières ne me permettent pas de transpercer les ténèbres de Là-bas (1). Je me contente d'appeler pour l'instant ce jeune humoriste, un élégant fumeur de cigarettes, parce que c'était pendant cette innocente occupation que cet original styliste allie la science aux plus désopilantes boutades. Je crois que notre héros est aujourd'hui incorporé dans une confrérie de moines et médite sur les grandeurs du passé, dans le silence du cloître. Quant à moi, je répète le dicton populaire :

Clocher de Chartres, nef d'Amiens
Chœur de Beauvais, portail de Reims.

Je remarque la façade de l'hôtel des Postes, qui forme l'angle du cloître Notre-Dame, à l'extrémité de la rue des Changes. Cette construction en pierre de style roman (XIII° siècle) a été restaurée de nos jours. En face, le portail sud de la cathédrale, présentement en réparations, est enveloppé par un échafaudage.

Je ferai plus tard la description détaillée de la cathédrale, à l'extérieur comme à l'intérieur. Il paraîtrait que le baron Visconti, célèbre archéologue italien, ancien conservateur du Musée du Vatican, aurait proféré ces remarquables paroles : « *Si l'on trouve ailleurs des parties plus belles, on ne trouve ailleurs un plus bel ensemble.* Un autre archéologue M. Napoléon-Adolphe Didron, surnommé avec raison le restaurateur des études archéologiques en France, écrit dans sa monographie de la cathédrale de Chartres que *cet édifice est le plus cu-*

---

(1) Autre volume du même auteur.

rieux de France, peut-être même de toute l'Europe, monument unique (1).

D'après certains documents, les Druides auraient creusé une grotte, un siècle avant l'ère chrétienne, afin de consacrer cette retraite au culte de la *Déesse mère*. Les prêtres de l'époque — je veux dire les Druides — divisés en trois classes, les Druides proprement dits, les Eubages et les Bardes, faisaient leurs dévotions dans ce lieu souterrain pourvu d'une statue en bois noir, représentant la Mère de Dieu, avec cette inscription *Virgini Parituræ*, (à la Vierge qui doit enfanter). Au IIIe siècle, le christianisme fut prêché à Chartres par saint Altin et saint Eodald. Leurs prosélytes devinrent si nombreux que les représentants de l'apôtre saint Pierre, jetèrent les fondements d'une église de proportions modestes. Le premier évêque de Chartres fut saint Aventin. Les chrétiens furent persécutés sous les empereurs romains et l'église fut rasée. Au siècle suivant, c'est-à-dire quand la paix fut rendue au christianisme sous Constantin, les adhérents à la doctrine du christianisme construisirent un nouveau monument qui fut incendié, en 753, par Hunald, duc d'Aquitaine. Celui-ci eut une telle horreur de son forfait et, poursuivi par le remords, il se retira jusqu'à la fin de ses jours, dans un monastère de l'île de Ré.

La troisième église fut édifiée par Godessald (Godasaldus), évêque de Chartres, vers 753, puis les Normands, commandés par Hastings, la brûlèrent en 858. Je viens de retrouver un document assez curieux, concernant la prise de Chartres par les hordes scandinaves et je reproduis les principaux passages.

Notre-Dame de Chartres avait acquis sous les rois francs, une grande renommée dans toute la chrétienté et était devenue un des principaux pèlerinages nationaux de l'époque. L'église possédait des richesses extraordinaires, ce qui excita la convoitise des Normands, qui semaient sur leur passage la ruine, l'incendie et la désolation.

(1) **Guide Chartrain**, par A. Clerval.

Le Roman de Rou, publié vers 1170, par Robert Wace (1), relate les faits :

> De toailes des autels prises
> Faisaient braies de Kamises
> Li provisoires se déconfortent
> A etre partz li corz sainctz porte
> Portent messaux, portait saulier
> Portent mitres et encensiers
> N'i liessent rien, ke porter puissen
> Et coue porter ils ne poeut
> En terre muchent et enfoent

TRADUCTION

> Des toiles prises sur les autels
> Faisaient culottes de chemises
> Les prêtres se découragent
> Autre part les corps saints ils portent
> Ils emportent missels et psautiers
> Ils emportent mitres et encensoirs
> Ils ne laissent rien qu'ils puissent emporter
> Et ce qu'ils ne peuvent emporter
> En terre ils le cachent et l'enfouissent.

L'évêque de Chartres était alors Hélias, renommé par sa charité et par ses hautes capacités militaires. En apprenant l'approche des Normands, il mit tout en œuvre pour fortifier la ville. Les murailles furent élevées, les fossés furent approfondis et une grande quantité de vivres fut emmagasinée dans les greniers de la cité. Les cultivateurs des environs cherchèrent un asile dans Chartres et les habitants se firent un devoir de repousser les trois assauts donnés par les troupes d'Hastings. Celui-ci, après avoir reconnu l'inutilité de ses efforts, envoya vers le pieux Hélias un parlementaire afin de se soumettre au représentant du Christ et de recevoir le baptême.

Hélias consentit à recevoir dans le giron de l'Eglise ce chef d'aventuriers et de pillards. La cérémonie du baptême

---

(1) Célèbre trouvère, né à Jersey, fut élevé à Caen.

eut lieu avec grande pompe dans la cathédrale, au milieu du plus grand enthousiasme. Cinq officiers avaient suivi l'exemple de leur chef. Quelques jours après, une partie de l'armée normande devenait chrétienne. Tout à coup, le bruit de la mort subite d'Hastings se répandit en ville, ses compagnons d'armes demandèrent à l'évêque d'accorder à leur général les honneurs funèbres et le cercueil fut déposé dans l'église par une troupe d'élite.

La cathédrale était parée de ses objets les plus précieux, tels que vases, candélabres en or et en argent massif, ainsi que le maître-autel qui était orné comme aux grands jours de fête. Aussitôt que l'hymne des morts fut entonné par Hélias, Hastings bondit de son cercueil et pousse le cri de guerre usité dans son armée, après avoir rejeté le suaire dont il était enveloppé. Les soldats, qui étaient dans le secret de cette fragique comédie, prirent les armes qui étaient cachées dans la caisse qui contenait le rusé pirate, et tombent sur l'assistance. Hélias est égorgé ainsi que les membres du chapitre. On ne saurait décrire les scènes d'horreur qui s'en suivirent. Les Normands font main basse sur tout ce qu'ils trouvent, puis mettent le feu à la cathédrale. La ville fut à peu près complètement détruite.

En 911, nouveau siège de Chartres par les Normands. L'église était à peine rebâtie, grâce à l'initiative et aux prodigalités de l'évêque Gislebert. Celui-ci avait obtenu en 876, du roi Charles le Chauve, *le voile de la sainte Vierge (Camisia B. M. V.)* (1). J'ai raconté plus haut le miracle opéré par l'apparition de ce précieux vêtement, lors de l'attaque de la ville par les troupes de Rollon, chef normand. Malheureusement Thibault le Tricheur, premier comte de Chartres, se brouilla avec Richard, duc de Normandie qui, emporta la ville d'assaut le 5 août 962. Les habitants furent en partie massacrés, le reste réduit en esclavage, puis les maisons furent la proie des flammes. L'église n'échappa pas à ce nouveau désastre. La chronique ajoute que l'évêque Hardouin mourut de désespoir huit jours après.

(1) Cette relique avait été envoyée par l'impératrice Irène à Charlemagne.

Le successeur de Hardouin fut Wulphard, prélat aussi énergique qu'expéditif. Dans un laps de temps assez rapproché, il rebâtit l'église. Quelques parties de cette époque (Xe siècle) existent encore. Je veux parler des murailles construites en grand appareil. Le 7 septembre 1020, nouveau sinistre occasionné par la foudre et la cathédrale est détruite pour la cinquième fois.

Le célèbre Fulbert ou *Fulbertus*, évêque de 1007 à 1028, résolut de réédifier la cathédrale. Il se mit en relations avec les souverains chrétiens de l'Europe. Robert, roi de France, Guillaume V, duc d'Aquitaine, Canut le Grand, roi d'Angleterre, de Danemark et de Norvège, etc., etc., qui envoyèrent des sommes considérables. Les travaux commencèrent par l'église souterraine, je veux dire les cryptes, puis après avoir construit le déambulatoire, sur lequel sont ouvertes les chapelles, l'architecte de l'époque prolongea le transept de plusieurs travées. Les clochers furent édifiés plus tard. Celui construit par Fulbert était placé près du transept nord.

Le saint évêque mourut le 11 juin 1028. Son successeur fut Thierry, qui continua cette œuvre colossale, mais qui fut de nouveau interrompue deux ans après par un nouvel incendie. La partie supérieure jusqu'aux vitraux fut détruite, ainsi que le clocher. Henri Ier, roi de France, aida Thierry dans ses nouvelles réparations, en lui donnant des subsides pour reconstruire la couverture. L'ancien transept fut agrandi de largeur dans la crypte ainsi que dans l'église supérieure. La chapelle Saint-Martin détermine à peu près les additions faites dans ce temps-là.

Le siège épiscopal de Chartres fut occupé de 1090 à 1115 par saint Yves, qui para l'intérieur de la cathédrale avec magnificence. Les autels furent décorés luxueusement ; des tapisseries splendides garnissaient les murs de l'édifice, puis un jubé fut construit. Les Normands n'étaient plus à craindre, Marguerite d'Angleterre, surnommée par son peuple *la bonne reine*, envoya à l'évêque des sommes d'argent qui furent employées à faire fondre des cloches et à remplacer la toiture en tuiles par une couverture en plomb. Le 5 septembre 1134, la ville est encore une fois incendiée et la cathédrale éprouva des dégâts considérables. Les parties occidentales furent rasées ainsi que la façade et le clocher furent abattus. La nef fut modifiée, c'est-à-dire allongée ainsi que les bas-côtés qui furent augmentés d'une travée. Deux clochers remplacèrent l'ancien, puis un porche fut placé en arrière entre les deux tours. D'après M. Clerval, les ouvriers qui étaient employés à ces sortes de travaux étaient réunis en corporation et prenaient le titre de *logeurs du Bon Dieu.*

Je ne suivrai pas la construction dans tous ses détails ; je me contenterai seulement de rappeler que les deux clochers furent achevés en 1170 ; le clocher du midi fut bâti en pierres, celui du nord en bois et en plomb (1). Quelques modifications furent faites à la crypte ainsi que des peintures qui ornèrent la chapelle Saint-Clément et celles de la piscine, située à proximité. Une délicieuse ouverture latérale, destinée au passage des fidèles qui se rendaient à la galerie méridionale, près de la maîtrise, fut exécutée quelques années après ces importantes réparations.

Malheureusement, elles ne purent être terminées, parce que le feu détruisit pour la huitième fois la cathédrale (9 juin 1194), à l'exception du portail, des verrières et des deux clochers. La crypte fut intacte, grâce à ses voûtes. Cet accident fut de nouveau attribué au feu du ciel. *Le Voile de la Vierge* fut sauvé par le dévouement de plusieurs employés de l'église qui se réfugièrent pendant deux jours dans le *Martyrum*, ou caveau de saint Lubin. Le cardinal Mélior, légat du pape Célestin III, était alors de passage à Chartres. Après avoir harangué le clergé et le peuple, il fit de tels prodiges d'éloquence que les assistants jurèrent de faire tous leurs efforts pour réédifier leur cathédrale. L'évêque Reynault de Mouçon (1182-1217) fit l'abandon de ses bénéfices pendant plusieurs années. Le haut clergé suivit son exemple. Les bourgeois, secondés par le peuple, contribuèrent à l'œuvre chrétienne (2).

Les travaux avancèrent rapidement, attendu que les dons arrivèrent de tous côtés, puis des centaines d'ouvriers se

(1) A. Clerval, p. 8.
(2) A. Clerval, *passim.*

mirent à l'œuvre sans réclamer de salaires. Les chroniques du temps relatent que les maçons travaillaient nuitamment afin d'activer leur besogne, en chantant des cantiques. Les miracles se multiplièrent à l'infini et les pèlerins arrivèrent en foule de toutes les parties de l'Europe. En 1226, Guillaume Le Breton annonce que la cathédrale est rebâtie en pierres de taille et que la voûte, semblable à une écaille de tortue, est à l'abri de toute atteinte d'incendie occasionnée par la foudre. L'architecture ogivale paraît dans toute sa pureté, mais ce ravissant monument n'est terminé qu'en 1260. Pierre de Mincy, évêque de Chartres, la consacra le 17 octobre de la même année, en présence de saint Louis et de la famille royale.

Je parlerai plus tard des constructions datant du XIVe, XVe et siècles suivants. Je n'enregistre pour le moment que les faits historiques qui se sont passés dans la cathédrale. En 1360, l'armée du roi d'Angleterre, après avoir saccagé la Champagne et une partie de l'Ile-de-France, campa non loin de Chartres. Un orage épouvantable, mêlé de grêle, ayant mis les troupes ennemies en péril, Edouard III, épouvanté, fait vœu à Notre-Dame de Chartres de conclure la paix, si la Providence lui permet d'échapper à ce danger. Quelques jours après, le souverain entendit la messe à Notre-Dame et signa le traité de Brétigny, qui ne fut pas cependant profitable à la France.

Une singulière coutume avait lieu dans cette cathédrale, au moyen-âge. Je veux parler du *Papi-fol*, ou pape des fous. La ville de Rouen avait choisi le jour de Noël, pour la fête des ânes Ce jour-là, la cathédrale était encombrée de ces sortes de coursiers à longues oreilles. A Chartres, les chantres élisaient parmi eux un pape et des cardinaux qui officiaient dans la cathédrale avec l'indécence la plus caractérisée. Pendant les premiers jours de l'année, ce cortège de malandrins se répandait dans toutes les parties de la ville et mettait à contribution tous les bourgeois. L'argent ainsi ramassé était dépensé en orgies. Ces sortes de saturnales furent abolies en 1504.

Le 27 février 1594, un grand événement a lieu à Notre-Dame. Henri IV se fait sacrer roi de France. Les pairs laïques sont remplacés par le prince de Condé, comte de Soissons, les ducs de Montpensier, de Luxembourg, de Retz et de Ventadour, tandis que les pairs ecclésiastiques qui n'étaient pas présents étaient représentés par six évêques : Philippe de Bec (Nantes); Claude de Coquelet (Digne) ; Henri 1er d'Escoubleau de Sourdis (Maillezais) ; Jean XI de l'Aubépine (Orléans) ; Claude Miron (Angers). Le prélat consécrateur, comme je l'ai dit dans le chapitre précédent, était Nicolas de Thou, évêque de Chartres (1593-1598).

Le clocher neuf date du commencement du XVIe siècle, puis quelques années plus tard on commença la clôture du chœur, admirable par ses innombrables sculptures continuées au siècle suivant. Les autels épars et qui n'étaient pas en harmonie avec l'ensemble de l'édifice furent détruits en 1661.

Les réparations qui furent faites au XVIIIe siècle ne furent pas heureuses. Un certain architecte, nommé Chartier, avait, en 1741, donné des plans pour la restauration du chœur, mais ce projet ne fut exécuté que le 18 avril 1763. Le jubé, qui était une merveille de l'art gothique, fut remplacé par une grille de fer qui se trouve actuellement d'après M. Clerval, à l'hospice. Le groupe de l'Assomption, qui domine le maître-autel, a été sculpté par Bridan. Le chef-d'œuvre du grand artiste bourguignon fut placé en 1767. Cependant ce maître sculpteur fut moins heureux en voulant décorer le chœur par huit bas-reliefs en marbre de Carrare. Ce travail est très médiocre. Les stalles n'ont aussi rien de gracieux, ainsi que le pavage du chœur, composé de dalles en marbre blanc et noir (1788). Le chapitre dépensa en pure perte 450,000 livres.

La Révolution grondait !!! La Terreur arriva avec toutes ses horreurs. La cathédrale fut profanée ; le trésor fut saccagé et la Vierge druidique fut brûlée dans un feu de joie devant a porte principale (décembre 1793). Quelques énergumènes avaient proposé dans un club de raser la cathédrale, mais cet acte suprême de vandalisme ne fut pas exécuté parce que la municipalité ne savait à quel usage employer les pierres. Le 25 brumaire an II (15 novembre 1793) la cathédrale fut fermée et les sans-culottes de l'endroit établirent le culte de la Raison. Des bals publics composés de gens sans aveu et de prostituées furent organisés tous les décadis. Un orchestre était placé dans la chaire, puis on dansa dans le chœur et dans la nef. Sous le Directoire, ces odieux scandales prirent fin ; les prêtres non assermentés reprirent possession de leur cathédrale et célébrèrent leurs offices à partir de 1795. Par ordonnance du Comité des travaux publics, la couverture en plomb, fut enlevée pour faire des balles de fusil, par conséquent la voûte resta dans un état lamentable pendant plusieurs mois. Cependant, grâce à sa solidité, cet ouvrage de maçonnerie résista aux intempéries des saisons.

Au commencement du XIX⁰ siècle, la paix étant signée entre l'Empereur et le Pape, il n'y a que très peu de chose à reproduire. En 1806, la Vierge Noire est réinstallée. Sous la Restauration, Mgr Jean-Baptiste de Latil est nommé évêque de Chartres (1821). L'évêché, supprimé, en 1793, avait été depuis le Concordat rattaché à l'archevêché de Paris. Des paratonnerres furent placés sur le sommet des tours en 1826, parce que l'année précédente le beffroi du clocher neuf avait pris feu par suite de la foudre, mais les dégâts ne furent pas considérables. Je ne parle pas du terrible incendie du 4 juin 1836, parce que je l'ai raconté autre part. Tous les ans, des pèlerinages très suivis ont lieu à Notre-Dame de Chartres. Des quantités de touristes et de pèlerins viennent de tous les points de l'univers. Malgré toutes les dépenses faites pour les réparations de la cathédrale l'œuvre est loin d'être achevée. Je fais des vœux pour que, d'ici quelques années, l'incomparable cathédrale soit complètement terminée.

La séance d'ouverture a lieu à deux heures au théâtre. Ce monument, situé sur le boulevard Chasles, a été inauguré en 1861. L'architecte a été M. Piebourg. L'ensemble est assez coquet. Les armes de la ville : *de gueules à trois besants d'argent chargés chacun d'une lettre antique et d'une fleur de lis de sable : au chef d'azur chargé de trois fleurs de lis d'or*, figurent sur le fronton, ainsi que les statues de Thalie et Euterpe.

L'assemblée des congressistes se tient au foyer, vaste salle très appropriée pour cette solennité. Au centre de l'estrade, on remarque un fauteuil vide, recouvert d'un crêpe. Cette place devait être occupée par M. de Marsy, le regretté directeur de la Société Française d'Archéologie, prématurément enlevé à l'affection de ses collègues quelques jours avant le Congrès. M. Héron de Villefosse, membre de l'Institut, délégué du ministre des Beaux-Arts, se place à droite de la place inoccupée, tandis que M. Brelet, préfet d'Eure-et-Loir, occupe, le siège de gauche. Les autres personnages marquants, placés sur l'estrade, sont MM. Fessard, maire de Chartres, Jules Lair, membre du Conseil de la Société Française d'Archéologie, comte de Ghellinck d'Elseghem, vice-président de la Société Royale d'Archéologie de Belgique, Adolphe Francart, bâtonnier de l'Ordre des Avocats de Mons, Roger Durand, président de la Société Archéologique d'Eure-et-Loir, Merlet, archiviste du département d'Eure-et-Loir, etc., etc.

Un public *select* garnit les rangs des chaises disposés dans la salle. Je reconnais plusieurs dames, auxquelles je décoche l'épithète d'héroïnes, attendu que tous les ans ces chanoinesses de l'archéologie ne manquent pas une séance du Congrès et suivent les excursions avec un entrain indescriptible. Cette année, nous avons le plaisir de compter dans nos rangs, plusieurs demoiselles et une sémillante dame, appartenant au monde universitaire. Quelques ecclésiastiques, qui appartiennent au diocèse de Chartres, sont accourus afin d'assister à nos joûtes scientifiques.

M. Héron de Villefosse prononce en termes émus l'éloge de M. de Marsy, décédé le 20 mai dernier. « De Marsy, l'éminent archéologue ne présidera plus nos réunions, mais son souvenir ne périra jamais. Après avoir adressé des remerciements bien mérités aux autorités locales, M. le préfet d'Eure-et-Loir, le maire de Chartres, le président de la Société Archéologique d'Eure-et-Loir, sans oublier les membres du comité d'organisation du Congrès, M. de Villefosse exprime sa légitime satisfaction de passer quelques jours à Chartres, ville justement renommée à cause de sa merveilleuse cathédrale. En termes de conclusion, il déclare ouvert le 67° congrès archéologique de France.

Quelques mots, pleins d'à propos, sont prononcés par M. le maire de Chartres. Le chef-lieu du département d'Eure-et-

Loir est positivement heureux de posséder, pendant toute une semaine, une brillante pléiade d'archéologues distingués. Les excursions à travers la Beauce, Bonneval, Châteaudun, Villebon, etc. etc. qui se feront en pleine moisson, seront doublement profitables aux savants par l'étude historique dont ils emporteront un grand nombre de gerbées archéologiques sur tous les points de la France.

M. Roger Durand salue les congressistes au nom de la Société d'Archéologie d'Eure-et-Loir et se fait l'interprète de la dite Société, afin de leur réserver le meilleur accueil pendant leur séjour dans l'ancienne cité des Carnutes.

M. de Villefosse adresse quelques paroles de remerciements à l'honorable président de la Société Archéologique d'Eure-et-Loir.

M. le comte de Ghellinck d'Elseghem, en qualité de délégué belge, retrace en quelques mots la vie d'Arthur de Marsy, archéologue érudit, très connu en Belgique par ses travaux estimés. Aujourd'hui notre charmant confrère étranger est heureux de se trouver à Chartres, afin de mieux connaître cette ville pleine de grands souvenirs historiques. « Il n'y a pas de frontières en archéologie, et c'est pour cela que nous nous proposons d'étudier les merveilles de votre département. »

M. Francart, délégué de l'Association Archéologique de Mons, lié par une étroite amitié de plus de vingt ans à notre regretté Président, très attaché à la Belgique, exprime, en quelques paroles pleines de cœur et de délicatesse, la perte sensible que nous venons de faire.

Nouveaux remerciements de M. de Villefosse.

M. Merlet, archiviste, lit un mémoire, sur les origines de la cathédrale, sur les cryptes et le puits des Saints-Forts, lieu de pèlerinage très fréquenté au XII° siècle. Un plan des cryptes, dressé d'après celui de Felibien, est offert à titre gracieux aux auditeurs, par M. Selleret, directeur du *Journal de Chartres*. Ce plan sert de précieux guide à l'assistance qui suit avec intérêt les savantes démonstrations et les consciencieuses recherches de l'orateur. La péroraison de l'archiviste d'Eure-et-Loir est couverte d'applaudissements unanimes.

La séance est levée à quatre heures, puis le cortège des congressistes se rend à l'Hôtel-de-Ville et au Musée.

Cette vaste construction, datant des premières années du XVIᵉ siècle, est composée de trois corps de logis, bâtis en briques et pierres. La cour d'honneur est fermée par un beau portail de même style. Une inscription latine nous apprend que cet hôtel a été bâti en 1614. Il appartenait à cette époque à la famille de Montescot. Le buste de Henri IV, placé entre deux génies, se trouve au-dessus de la porte principale, celui de Marie de Médicis orne le sommet de la porte latérale de droite, tandis que le troisième ouvrage de sculpture représentant les traits de Louis XIII figure à gauche. Je crois que cette magnifique habitation a été terminée sous Louis XIV, attendu que plusieurs œils-de-bœuf, du plus gracieux effet et les lucarnes des combles annoncent l'architecture qui florissait à l'époque de Mansart (1).

En 1824, le Conseil municipal acheta cet immeuble, afin d'y installer la mairie, la bibliothèque et le musée (2).

Dans la salle des mariages, il y a des tapisseries remarquables, qui représentent des scènes de la mythologie. La bibliothèque contient cent mille volumes et plusieurs manuscrits très précieux, les plus anciens remontent aux IXᵉ, Xᵉ et XIᵉ siècles (3). Le musée nous offre un certain nombre de tableaux anciens et modernes. Je regrette de ne pas pouvoir en faire la fidèle nomenclature. J'ai remarqué dans un coin celui qui représente l'incendie de la cathédrale en 1836. Je ne me souviens plus du nom de l'artiste. Tous mes collègues disent à l'unisson que le local est insuffisant et plusieurs objets d'une très grande valeur échappent à notre attention. Cependant, il y a lieu de noter le tableau de Bouchot, — funérailles de Marceau ; — le mariage de sainte Catherine, par Mignard. Quelques Corrège, Coypel, Le Guide, etc. Curieux coffre en fer, provenant du château de Villequoy. Dans une vitrine, très beau verre de Venise, sur lequel est inscrit une

---

(1 *Guide Chartrain*.
(2) *Guide indicateur*, année 1900, par M. Merlet.
(3) *Guide indicateur*.

légende arabe du XII° siècle, appelé *coupe de Charlemagne*. D'après la tradition, le grand empereur d'Occident aurait fait présent de ce verre à la Madeleine de Chauteaudun. Mais, je conserve des doutes sur l'authenticité de cette provenance. L'armure de Philippe le Bel et de son fils Charles, offerte à Notre-Dame de Chartres après la bataille de Mons en Puelle, (1304), sont les pièces les plus curieuses du musée.

J'ai visité dans l'intérieur de la ville la colonne élevée à la mémoire de Marceau en 1801, grande pyramide en pierre, surmontée d'une urne funéraire, construite sur le même modèle, mais moins élevée que celle du général Desaix à Clermont-Ferrand. L'inscription est ainsi conçue :

A LA MÉMOIRE DE MARCEAU
IL NAQUIT A CHARTRES LE 1ᵉʳ MARS MDCCLXIX
SOLDAT A SEIZE ANS ; GÉNÉRAL A VINGT-TROIS,
IL MOURUT A VINGT-SEPT :
BLESSÉ MORTELLEMENT
A HOESTRACK
IL EXPIRA A ALTENKIRKEN
LE 3ᵉ JOUR COMPLÉMENTAIRE AN IV
LES GÉNÉRAUX AUTRICHIENS
RENVOYÈRENT SON CORPS
A L'ARMÉE FRANÇAISE
ET LUI RENDIRENT LES HONNEURS FUNÈBRES
DANS LEUR CAMP
ERIGÉ EN 1801
RESTAURÉ EN 1821.

La séance du soir a eu lieu à 8 heures et demie dans la salle de la Justice de paix. M. Lefrère-Pontalis est appelé au fauteuil de la présidence.

M. l'abbé Sainsot, curé de Terminiers, et le rapport sur les études archéologiques en Eure-et-Loir depuis cinquante ans. Très intéressante étude de M. Maugars, sur la construction de l'aqueduc de Maintenon. M. Mayeux, architecte à Paris, termine la séance par une dissertation aussi savante qu'instructive, sur la façade occidentale de la cathédrale de Chartres. MM. Robinet et Rousselot avaient prêté leur concours à notre collègue en lui procurant un appareil à projection, ce qui n'a rendu la séance que plus attrayante.

III

Jeudi 26 juin.

Excursion à Josaphat. — Saint-Prest, Saint-Prat, Maintenon et Gallardon. — Séance.

A huit heures du matin une centaine d'excursionnistes se réunissent boulevard Sainte-Foy, afin de prendre part à l'excursion de Maintenon. Neuf grandes voitures sont destinées à nous transporter à l'ancienne seigneurie de la veuve Scarron, devenue plus tard marquise, par la gracieuse bienveillance de Louis XIV.

Le temps promet d'être beau, le soleil est radieux et tout fait présager une charmante excursion. Les archéologues, présentés à la population chartraine, comme gens graves, paraissent nullement moroses. D'après un journaliste de l'endroit, il n'y a rien de plus jovial qu'un savant en voyage (1).

Le premier arrêt a lieu à Josaphat, hospice fondé en 1828, par la marquise d'Aligre, née Camus de Pontcarré. Ce lieu de refuge a remplacé une abbaye de bénédictins, fondé en 1120. En 1818, le conseil général d'Eure-et-Loir avait employé une partie des bâtiments conventuels pour y installer les incurables du département. Cette partie de l'hospice prit le nom de *Marie-Thérèse*. Dix ans plus tard, la famille d'Aligre fit faire des agrandissements considérables. Deux cents vieillards et cent enfants furent recueillis dans cet établissement de bienfaisance.

Une grille en fer forgé donne accès dans un vaste enclos. Dans le fond, on aperçoit les bâtiments destinés aux pen-

(1) *Journal de Chartres*, 29 juin 1900.

sionnaires de cet important asile. Au milieu du jardin, on aperçoit une statue en bronze, — probablement le fondateur de ce refuge des pauvres. (1) A droite, la chapelle reconstruite en 1844, monument très simple, dans lequel les dépouilles mortelles de la marquise d'Aligre et de son époux, décédé en 1847, ont été déposées dans les caveaux de l'édifice. Une plaque en marbre noir, munie d'une modeste inscription indique l'emplacement dans lequel se trouvent les corps des bienfaiteurs de Josaphat. La statue du marquis d'Aligre, comte de Marans, se trouve à gauche en entrant dans la chapelle. L'ancien pair de France, est représenté sur son lit de mort. C'est une œuvre magistrale de Chapu.

Les débris d'un cloître qui proviennent d'un monastère situé dans les environs, ont été déposés à l'entrée de l'hôpital et sert de promenoir couvert aux malades. Quelques statues gisent çà et là, ainsi que de très beaux motifs de sculptures des XIIIe et XIVe siècles (2). Non loin de Josaphat, se trouve la fontaine de Miscouard, regardée comme sacrée au temps des Druides.

La visite à Josaphat étant terminée, nous reprenons nos traînages pour Saint-Prest. La route suit le cours de l'Eure en passant au pied des collines verdoyantes et sur la lisière de plusieurs bois taillis. Nous traversons le village de Georget, endroit tristement célèbre par les exploits des *Chauffeurs*, qui avaient établi leur centre de réunion, dans ce modeste hameau, situé aux portes de Chartres. Quelques kilomètres plus loin, se trouve le bourg de Saint-Prest.

L'église remonte au XIIe siècle (3). Quelques parties datent du XIIIe. Elle consiste dans une nef sans bas-côtés, terminée en hémicycle. Portail très simple, orné de colonnettes, appartenant à l'époque romane. Plusieurs tombeaux qui renfermaient les restes des martyrs de la chrétienté ont été détruits en 1664, à l'exception de celui de Saint-Prest, qui existe en-

---

(1) Nicolas d'Aligre, chanoine de Paris, vicaire général du diocèse de Bourges, décédé en 1839.
(2) Les restes du cloître, proviennent de l'Abbaye bénédictine de Colombs, près Nogent-le-Roi.
(3) *Guide indicateur*.

core aujourd'hui. Grande auge de pierre mesurant deux mètres de longueur. La couverture est formée par une seule pierre d'un volume énorme. Ce sarcophage indique l'époque fruste et sans ornementation des premiers siècles de l'Eglise. Dans les environs il y a des carrières de sable, abandonnées depuis longtemps, dans lesquelles on a trouvé, vers 1850, des ossements de rhinocéros, hippopotames, cerfs géants, etc.

La route jusqu'à Saint-Piat offre toujours le même aspect, c'est-à-dire que l'on côtoie la rive gauche de l'Eure, rivière qui fait mouvoir nombre d'usines à farines. Je me souviens qu'en traversant le hameau de Saussay, presque complètement détruit il y a quelques années par un incendie, parce que les toits des maisons étaient recouverts en chaume, je veux prendre des notes, quand, par un faux mouvement, mon couvre-chef vole en l'air, puis des passants me le rapportent dans un état lamentable !!! Cet accident a donné la note gaie à cette première partie du voyage, parmi mes compagnons de route, et les plaisanteries, les brocards et les railleries piquantes, mais de bon aloi, ne m'ont pas été épargnés.

Nouveau débarquement devant l'église de Saint-Piat. Cet édifice est situé sur le bord de l'Eure, à proximité de moulins importants. Les eaux de la tributaire de la Seine passent au-dessus d'une écluse, et reprennent leur cours normal après de sourds grognements.

D'après M. Merlet, archiviste d'Eure-et-Loir, auquel j'emprunte une partie de ce récit, cette bourgade aurait été bâtie sur l'emplacement d'une villa, habitée dans l'origine par quelques chrétiens, qui seraient venus de Seclin, près Tournai, pour chercher un refuge dans cette localité (1), afin d'échapper aux actes de brigandage commis par les pillards scandinaves. Ils avaient apporté avec eux le corps de saint Piat, apôtre et martyr de leur pays. Ses restes furent déposés dans un sarcophage qui a longtemps servi de maître-autel et de fonts-baptismaux ; il est déposé dans l'église et fait l'admiration des membres de la Société. Ce tombeau en marbre blanc (monument historique) date du Ve siècle. Les sculptures,

---

(1) IXe siècle.

fort maltraitées, laissent encore voir le monogramme du Christ, inscrit dans une couronne à bandelette, et soutenu par une croix de vaste dimension. Deux soldats, témoins de la résurrection du Christ, sont placés à côté de la croix. Les figures des douze apôtres sont sculptées sous les six arcades de droite et de gauche.

Quelques kilomètres avant d'arriver à Maintenon, nous passons dans le village de Changé, commune de Saint-Piat, localité dans laquelle on remarque trois monuments druidiques, placés dans un rayon de cent mètres environ. D'abord, un peulvan, haut de quatre mètres, dont la cime a été cassée sans doute par la foudre. Un autel circulaire, nommé le *Berceau* par les gens du pays, mesure quatre mètres de diamètre. Ce monument mégalithique formé par deux énormes pierres, qui reposent sur d'autres de plus petite dimension, rappelle la forme d'un petit lit. Les deux pierres sont disposées de façon que les sacrificateurs pouvaient immoler leurs victimes sans tenir compte de leur volume. Le troisième monument est un dolmen incliné, nommé la *Pierre Fitte* ou *But de Gargantua*, qui consiste dans un énorme monolithe de plus de quatre mètres de longueur sur deux mètres et demi de largeur. Sur le bord de l'Eure, on remarque l'emplacement d'un camp romain, nommé par les archéologues chartrains camp de L. Plancus, lieutenant de César. Nous laissons sur la gauche, le bourg de Mévoisins, lieu de naissance de Collin d'Harleville, auteur dramatique, né le 30 mai 1735, auteur de *l'Optimiste*, *des Châteaux en Espagne* et du *Vieux Célibataire*.

Le paysage devient de plus en plus riant en approchant de Maintenon. Le bois *de la Garenne* qui fait partie du domaine appartenant au propriétaire du Château, couvre d'une épaisse couche de verdure une colline qui domine tous les environs. La route passe sous une arcade, faisant partie de l'ancien aqueduc, commencé en 1684, afin de conduire les eaux de l'Eure à Versailles. Je parlerai tout à l'heure de ce merveilleux travail qui est resté inachevé. Je remarque que cette arcade mesure environ vingt-cinq mètres d'élévation, sous voûte.

Le défilé des voitures fait son entrée en ville, mais il y a contre-ordre ! ! ! Nous sommes obligés de rebrousser chemin et de prendre la grande route de Chartres, pour visiter les *Terrasses*, ou aqueduc de Maintenon, situé à deux kilomètres de cette coquette localité.

Au milieu d'une garenne se trouve l'entrée de l'ancien canal voûté qui est la continuation de l'aqueduc à ciel ouvert dont je viens de parler. Cette partie de l'aqueduc, privée de lumière, sert de magasin aux tenanciers de M. le duc de Luynes. De nombreux instruments aratoires interceptent le passage. L'obscurité étant complète, je me suis heurté violemment à une charrue et j'ai été obligé de revenir à mon point de départ.

Je retrace à grands traits l'histoire de ce magnifique aqueduc, destiné à capter les eaux de l'Eure pour les conduire dans les jardins de Versailles. La distance était à peu près de vingt-cinq lieues. Louis XIV employa à cet ouvrage gigantesque 60,000 soldats, plus un grand nombre d'ouvriers et de terrassiers recrutés dans la contrée. Le célèbre Vauban fut chargé de ces travaux, qui furent divisés en cinq parties distinctes. La première devait traverser la vallée de Maintenon sur une triple rangée d'arcades, pendant un parcours de 4,600 mètres. La première ligne d'arcades construite en belles pierres de taille a été seulement achevée et compte 47 arches, ayant chacune 13 mètres d'ouverture sur 25 de hauteur. En 1684, la peste, la guerre, et surtout la pénurie du trésor royal, firent suspendre les travaux qui furent complètement délaissés.

La trompette du secrétaire général nous avertit que nous devons remonter dans nos voitures qui nous conduisent devant l'hôtel Saint-Pierre. Un excellent déjeuner était préparé pour réconforter les cent et quelques membres de la docte compagnie.

Dans l'après-midi, le cortège des congressistes se rend au château de Maintenon. M. le duc de Luynes brille par son absence ; cependant nous avons visité la plus grande partie de cette habitation princière à l'exception des appartements particuliers du maître de céans.

Les anciennes chartes ne mentionnent pas la ville de Maintenon avant le XII⁰ siècle. Depuis cette époque, cette localité était considérée comme terre noble. En 1505, Jean Cottereau, surintendant des finances sous les règnes de Louis XII et de François I⁰ʳ, s'en rendit acquéreur par suite d'adjudication, par arrêt du Parlement de Paris. Il rebâtit le château, mais conserva les deux tours gothiques qui existent encore. La famille d'Angennes devint propriétaire de ce chastel, par le mariage d'Isabeau, fille unique de Jean Cottereau, avec Jacques d'Angennes, puis il passa entre les mains du Marquis de Villeroi. Celui-ci vendit le domaine en 1675, moyennant deux cent cinquante mille livres à Françoise Daubigné, veuve Scarron. Elle maria sa nièce, mademoiselle Daubigné, au duc d'Ayen, fils du maréchal de Noailles. Le château est toujours resté, depuis cette époque, dans cette famille.

Je retrouve dans l'*Histoire de Madame de Maintenon*, publiée en 1848, par M. le duc de Noailles, que, le 3 août 1830, Charles X vint demander asile au maître du château de Maintenon, après avoir été forcé de laisser la résidence royale de Rambouillet. Le lendemain à onze heures, après avoir licencié la garde nationale et les cent suisses, le roi prenait la route de Cherbourg, sous la protection des gardes du corps. L'éminent académicien conclut en ces termes : « cette scène laissa dans les âmes des assistants une impression ineffaçable, et attachant à ces lieux, déjà pleins de souvenirs, une nouvelle et triste célébrité ».

La porte d'entrée était autrefois défendue par un pont-levis. Deux tourelles en encorbellement sont placées de chaque côté, sur lesquelles ou distingue les armoiries de Jean le Hereau : *d'argent à trois lézards de sable*. Le château est composé d'un corps de logis central et deux autres en retour du côté du parc. Une gracieuse tour ronde forme l'extrémité d'une des ailes, tandis que l'autre aile est terminée par une tour carrée complétée par un ouvrage d'architecture en coupe renversée qui surmonte l'ancien château féodal remanié au XVII⁰ siècle. Les eaux de la Voise et de l'Eure entourent cette antique forteresse, bâtie sous le règne de Philippe-Auguste.

Une longue pièce, bâtie en briques, sert de galeries de tableaux, dans laquelle sont réunis tous les portraits de la famille de Noailles depuis plusieurs siècles, les uns en costume militaire du moyen-âge, puis les autres sont représentés avec la robe rouge parlementaire en usage sous le règne de Louis XIV. Les précédents propriétaires du château sont revêtus du ruding-coat (redingote). Il y a lieu aussi de mentionner un grand nombre d'objets curieux, ayant appartenu à cette famille, conservés avec un pieux souvenir par M. le duc de Luynes. J'ai remarqué une gravure, donnant la reproduction de la Conciergerie de Niort, lieu de naissance de Madame de Maintenon (17 novembre 1635).

La chambre de la marquise se trouve dans le corps de logis principal. L'ameublement est, dit-on, reste intact ; son portrait, peint par Mignard, est placé au-dessus de la cheminée. Elle est vêtue d'un manteau bleu, doublé d'hermine. L'appartement de Louis XIV fait suite à celui-ci. Le Roi fit plusieurs séjours à Maintenon pendant la construction de l'aqueduc. Malheureusement, le château fut pillé pendant la tourmente révolutionnaire et tous les meubles furent saccagés. Un grand tableau, représentant le Roi Soleil, occupe presque toute la partie de la muraille qui fait face à la cheminée ; surmontée d'une belle glace du style du XVII° siècle. Cette pièce est presque dépourvue de mobilier.

La chapelle, construite à l'époque de Jean Cottereau, a conservé ses vitraux du XV° siècle. De forte petite dimension, cet oratoire ne peut contenir qu'un nombre restreint de personnes. Deux fauteuils indiquent les places occupées par Louis XIV et par Madame de Maintenon (1), une porte en bois sculpté occupe le centre de la balustrade, style XVII° siècle, qui donne accès dans le sanctuaire. Ce fut dans cette chapelle que Charles X entendit la messe avant de quitter la France.

Dans une antichambre, je remarque une chaise à porteurs, un rouet et plusieurs objets qui ont appartenu à Madame de Maintenon. Délicieux tableau, peint au XVII° siècle, représente deux fillettes d'une douzaine d'années. Toutes deux sont gracieuses, ravissantes et souriantes. Je présume que l'une

---

(1) Surnommée la *Mère de l'Eglise*.

d'elles doit être celle qui fut plus tard la duchesse d'Ayen. Je n'ai pas vu la signature de l'artiste. Mais j'ai cru reconnaître un spécimen de l'école de Mignard.

La visite du château se termine par une promenade dans le parc, dessiné par le Nôtre. De nombreux canaux sillonnent les jardins et trente ponts sont jetés sur ces voies fluviales, destinées à entretenir la fraîcheur dans ce véritable Eden. Les ruines de l'aqueduc forment dans le lointain un superbe fond de tableau, au milieu de pelouses verdoyantes. En 1750, Louis XV fit démolir plusieurs arcades pour construire le château de Crécy, situé près Dreux, destiné à madame de Pompadour.

Une des avenues porte le nom d'allée Racine, au souvenir de l'auteur d'*Esther* et d'*Athalie*. Ce grand tragédien fut l'hôte assidu du château de madame de Maintenon. Il composa dans cette retraite les deux poèmes dont je viens de parler. Ses ennemis lui décochèrent le quatrain suivant quand *Athalie* fut jouée par les jeunes pensionnaires de Saint-Cyr.

>Racine, de ton *Athalie*
>Le public fait bien peu de cas ;
>Ta famille en est anoblie
>Mais ton nom ne le sera pas.

Les voitures rangées devant l'hôtel Saint-Pierre sont attelées, et doivent nous conduire à Gallardon, excursion non inscrite au programme, mais nous n'avons pas eu lieu de nous en plaindre. Ce bourg est situé à deux lieues environs de Maintenon et la route suit la vallée de la Voise.

Le village est bâti au pied d'un mamelon, sur la crête duquel on aperçoit les ruines d'un donjon cylindrique remontant au XIe siècle, appelé, par les gens du pays, l'*Epaule de Galardon*, attendu que les débris de cette forteresse forment une épaule de mouton et sont enclavés au milieu de la ferme, nommée le Coin de Gas, appartenant à M. le de Luynes.

Geoffroi, seigneur de Châteaudun, reconstruisit en 1020, le château-fort qui avait été rasé vers la fin du Xe siècle par le roi Robert. Le duc de Bourgogne — Jean sans Peur — s'en rendit maître en 1417, puis en 1421. Cette place forte fut reprise par les troupes de Charles VII, quelques années après, elle retomba au pouvoir des Anglais, commandés par Talbot. Dunois chassa les mercenaires du roi d'Angleterre, Henri VI, et la forteresse fut démantelée en 1442.

L'église a été construite par les moines de Bonneval au commencement du XIIe siècle. Le chœur est merveilleux ainsi que les aiguilles qui surmontent cet édifice. Quelques épitaphes à peu près illisibles dans un des bas-côtés de l'édifice. En raison des agrandissements faits à cette église, qui n'était à l'origine qu'un modeste prieuré, on rencontre un mélange des styles roman, ogival et de la Renaissance. J'ai remarqué à l'extérieur, près de la porte placée à droite du chœur, des gargouilles fort intéressantes.

Une maison, dont la façade est en bois sculpté, époque du XVe siècle, se montre dans la rue principale de la localité. Malheureusement les sculptures s'effritent et quelques parties situées au-dessus du rez-de-chaussée sont à peine visibles. J'apprends que cette maison a appartenu à Gilles Talloux (Egilius Tullus) savant jurisconsulte, bailli de Gallardon.

Des carrières sont situées dans les environs. Louis XIV fit creuser un canal, pour amener les pierres destinées à la construction de l'Aqueduc de Maintenon ; ce canal date de 1685.

Il n'y a pas eu d'arrêt après Gallardon. Le chemin parcouru jusqu'à Chartres traverse la Beauce, pays monotone. A l'horizon, nous distinguons les flèches de la cathédrale, puis vers sept heures nous entrons en ville, enchantés de notre première excursion.

La séance du soir est présidée par M. Jules Lair. MM. Hans Hildebrand, directeur du Musée archéologique de Stockholm, Adrien Planté, maire d'Orthez, inspecteur divisionnaire de la S. F. A., le chanoine Porée, de Romegoux, Louis Régnier, Amblard, prennent place au bureau.

M. le Président s'excuse auprès de l'Assemblée du retard occasionné par la longue, mais très intéressante excursion faite dans la journée à Saint-Prest, Maintenon etc, etc. La séance, annoncée pour huit heures, n'est ouverte qu'à neuf, mais nous sommes amplement dédommagés par les savants rapports qui sont à l'ordre du jour.

La parole est donnée à M. Gillard, docteur en médecine à Gallardon, qui fait une agréable communication sur la tour de cette bourgade, visitée dans l'après-midi. Les ruines du donjon, de forme cylindrique, sont encore imposantes et la construction de cette tour remonte à la seconde moitié du XIIe siècle. La hauteur est de 77 mètres 60, la largeur, au-dessus du niveau du sol, est de 25 mètres. Ce donjon renfermait autrefois quatre étages, attendu que les cavités qui existent dans l'épaisseur des murs prouvent d'une manière irréfutable qu'elles étaient destinées à recevoir les grosses pièces de bois qui séparaient chaque degré d'élévation. Quelques explications sont ensuite données par l'orateur, concernant des recherches historiques qui se rapportent à ce chastel féodal.

Félicitations de M. le Président à M. Gillard, sur l'ensemble de son travail et sur d'autres ouvrages archéologiques qui se rapportent à Galardon, ville très remarquable par ses souvenirs historiques.

M. Léon Thoureau, de Chartres, lit une note sur l'étymologie du nom de Beauce. D'après cet érudit, le territoire compris entre le Rhin et la Loire était occupé 300 ans avant l'ère chrétienne par les Belges. Un manuscrit du IXe siècle atteste qu'il est question dès cette époque de *Belgica tellus*. Discussion entre MM. Thoureau, Merlet et l'abbé Sainsot. Celui-ci s'écarte légèrement de la question en soutenant que le sol beauceron était en majeure partie couvert de bois. M. Merlet dit le contraire et nous apprend que la ville de Chartres n'était pas immédiatement entourée de forêts, mais que la culture était florissante à une époque très reculée de notre histoire et les champs qui nourrissaient les habitants de l'ancienne capitale des Carnutes étaient situés sur la lisière des forêts du Perche, d'Orléans et de Dreux. La conclusion de M. l'archiviste d'Eure-et-Loir nous fait savoir qu'il est fort possible que le culte druidique ait été introduit dans le pays chartrain par les Belges.

La discussion étant terminée, M. Jules Lair adresse des éloges à M. Thoureau, pour sa savante communication.

M. l'abbé Bouillé nous donne lecture d'un travail fait par M. Reignier, sur l'église Saint-Pierre de Dreux, qui démontre que cette église a été copiée sur le modèle de la magnifique basilique chartraine, et il est probable que, si l'architecte n'est pas le même, il y a lieu de penser que le constructeur de Saint-Pierre a été l'élève de l'immortel maître d'œuvre.

Le rapport de M. Reignier a été applaudi par l'assistance et M. le Président fait observer que, par suite de longues et de patientes études archéologiques commencées depuis l'adolescence, notre sympathique confrère jouit d'un juste renom de savant dans cette science.

Je résume en quelques mots la communication de M. l'abbé Bouillé sur le livre des miracles de Sainte-Foy de Conques (Aveyron) et sur la chapelle de Sainte-Foy de Chartres. En 1006, un saint prêtre, nommé Bernard, fit plusieurs fois le voyage de Sainte-Foy à Conques, puis il assista dans ce sanctuaire à plusieurs fêtes religieuses qui furent suivies de miracles. Il composa plusieurs manuscrits sur ces actes de la puissance divine et en fit hommage à Fulbert, évêque de Chartres, en reconnaissance des bienfaits de ce prélat qui l'avait fait instruire dans la maison d'éducation fondée par l'édificateur de la basilique. Bernard allait faire ses dévotions dans une chapelle qui était, en 907, située hors les murs de la ville qui prit le nom de Sainte-Foy. Quelques anciens documents de l'époque attestent que les cérémonies du culte étaient très onéreuses. Pendant la Révolution, le citoyen Morin devint acquéreur de cette chapelle, moyennant 5,750 livres, à condition de la démolir dans le délai de six mois, mais celui-ci n'exécuta point cette clause et la chapelle existe encore. Pendant plusieurs années, elle servit de salle de spectacle, puis en 1855 elle fut achetée par les Pères Maristes. Depuis 1862, elle a été livrée au culte.

M. l'abbé Bouillé est chaudement complimenté par M. le Président sur son consciencieux travail. L'assemblée des congressistes ira voir la chapelle Sainte-Foy.

La séance est terminée après avoir entendu la lecture d'un long mémoire fait par M. l'abbé Sainsot, sur un bas-relief en pierre dure, sculpté au-dessus d'une porte, aujourd'hui murée, à l'église de Mervillers, près Janville. Cette sculpture remonte au XII⁰ siècle et serait, d'après l'attestation du rapporteur, une trouvaille archéologique qui serait unique en France.

IV

Vendredi, 29 juin.

Visites des églises Saint-Aignan, Saint-Pierre, Saint-André, Saint-Martin-au-Val. — Porte-Guillaume et Loëns. — *(Après midi)* Jardins de l'évêché, la cathédrale, Maisons anciennes. — Séance.

La plupart des membres de la S. F. A. se rendent à huit heures du matin à une messe dite pour le repos de l'âme de notre directeur, M. le comte de Marsy. Des places sont réservées dans le chœur pour les anciens amis du regretté défunt et la cérémonie est faite par M. l'abbé Langlois.

L'église de Saint-Aignan est située non loin de l'Etape-au-Vin, — maison assez curieuse bâtie sur piliers en bois. — L'ensemble de cet édifice annonce le XVI⁰ siècle. Quelques parties datent du XVII⁰ : au nord, grosse tour carrée. Jean de Beauce aurait, dit-on, construit l'abside. La disposition heureuse de la façade principale est dûe à un collatéral situé au nord flanqué à l'angle nord-ouest d'une tourelle polygonale avec un arc-boutant. Le petit portail a été fait en 1541 et l'entrée principale remonte au XIV⁰ siècle (1).

Saint Aignan, évêque de Chartres au V⁰ siècle, fut le fondateur de cette chapelle qui a appartenu plus tard aux comtes de Chartres et qui fut renfermée dans la ville, lors de la seconde clôture (2) au XIII⁰ siècle, elle devint collégiale et comptait un chapitre de sept chanoines. Plusieurs fois détruit par des incendies, 2 septembre 1134, 10 juin 1262 et pendant les premières années du XVI⁰ siècle ; profané sous

(1) *Guide Chartrain.*
(2) *France Pittoresque*, t. II, p. 20.

la Révolution, ce monument devint hôpital militaire, puis servit de prison sous le premier Empire. Le 18 février 1814, deux mille prisonniers de guerre, Prussiens, Autrichiens, Anglais et Russes, furent renfermés dans ce local. En 1822, Saint-Aignan était devenue un grenier à fourrages et ce fut la famille Rémond qui acquit cet immeuble pour le donner à la ville, à condition de le rendre au culte. Je lis, dans le volume de M. A. Clerval, une singulière coutume qui avait lieu de 1630 à 1721. Un manuscrit du XVIIe siècle relate qu'un certain abbé, nommé Lemaire, archidiacre de Pincerais et chanoine de Notre-Dame de Chartres, devait fournir à la fabrique de Saint-Aignan un pigeon blanc, le jour de la Pentecôte, redevance due pour un jardin situé près des anciens fossés de la porte Guillaume. Pendant l'office, le pigeon blanc, symbole de l'Esprit-Saint, était mis en vue au milieu du chœur, puis le tributaire offrait ainsi par *honnesteté* le volatille à M. le curé, aux pauvres de la paroisse et aux gagers de la fabrique.

Je ferai très rapidement la description de l'intérieur, parce que la matinée sera bien employée. L'édifice consiste dans une grande nef, flanquée de bas-côtés éclairés par des débris d'anciens vitraux du XVIe siècle. Triforium composé d'arcs à plein cintre qui s'appuient sur des colonnettes corinthiennes. La travée de style roman, placée au-dessus des arcades ogivales, a été édifiée en pierres de Châteaudun en 1625. Le toit du chœur et celui de la nef furent alors réunis. La première pierre porte les armes de Léonor d'Étampes de Valencay, évêque de Chartres (1621-1641) (1). J'ai remarqué, dans les chapelles, plusieurs vitraux modernes, mais d'une exécution parfaite, qui proviennent de la maison Lorin, de Chartres. La chapelle dédiée à saint Roch et à saint Christophe renferme un vitrail du XVIe siècle, Saint-Pierre et Saint-Paul. La première partie représente le prince des Apôtres qui fuit de Rome, pour échapper à la persécution. Près de l'église de Sainte-Marie-aux-Pas, le Christ portant sa croix apparaît à celui qui avait prêché la foi dans la capitale des

(1) *Guide Chartrain.*

César. « *Domine quo vadis ?* » et Jésus répond : *Vado Romam iterum crucifigi.* Au moment où j'écris ces lignes le roman du Polonais Henryk Sienkiewitz bât son plein et je puis dire que c'est le plus grand succès littéraire de la fin du siècle. Dans la seconde partie du vitrail : *Conversion de saint Paul* : le patricien romain fait une chute de cheval ; son escorte prend la fuite. Dieu apparaît. Au second plan, la ville de Damas.

Je passe sous silence les peintures polychromes de M. Boeswiswald, exécutées il y a une trentaine d'années, qui décorent les murs et la voûte en bois de Saint-Aignan, ainsi que le maître-autel en pierre, enrichi d'une profusion de dorures (1894). La crypte paraît fort ancienne. Il paraîtrait que ce fut le lieu de sépulture de saint Aignan et de ses trois sœurs. Pendant les XVIe et XVIIe siècles, plusieurs notables furent enterrés dans cette église souterraine : Jean Cadou et sa femme ; Marguerite Thomas-Jacques Lescot, évêque de Chartres, décédé le 13 septembre 1656 ; plusieurs curés de la paroisse etc., etc. Les décorations primitives de cette crypte ont disparu probablement à l'époque de la restauration qui a eu lieu au XVIe siècle.

L'église Saint-Pierre faisait autrefois partie d'une abbaye de bénédictins, connue sous le nom de Saint-Pierre en Vallée. Ce monastère a été bâti vers la fin du VIe siècle, dans la partie appelée la basse ville, située en dehors de l'enceinte romaine. Les Normands le détruisirent en 911, et il fut incendié en 1077 et en 1134. Une inscription placée sur un des piliers du chœur rappelle que cette église a été élevée, en 940, par l'abbé Agonon, détruite par l'incendie de 1134, reconstruite en 1165, par l'abbé Foulcher, d'après les plans du moine Hilduard. Vers 1225, la nef et les bas-côtés furent construits, mais le sanctuaire et l'abside n'ont été terminés qu'en 1310.

Ce monument historique est un beau spécimen de l'architecture ogivale qui florissait du XIIIe au XIVe siècle. Cependant la tour occidentale qui sert de clocher date du XIe, elle fut voûtée au XIIIe. De forme quadrangulaire, semblable à un donjon, ce bâtiment élevé servait sans doute de lieu de retraite en cas de siège (1). Les voûtes sont soutenues par trente contre-forts avec doubles arcs-boutants. Quatorze supportent la nef, tandis que seize plus légers, surmontés de clochetons, entourent le sanctuaire. Joli portail du XIII° siècle, situé au nord.

L'intérieur de cette église est admirable. Le chœur indique deux styles ; l'un est roman et l'autre appartient à l'époque de transition. Cette partie est un chef-d'œuvre d'architecture du XIV° siècle. Deux galeries entourent l'édifice : l'une est placée au-dessus du chœur pourvue dans chaque travée de deux arcades ogivales qui en contiennent deux autres trilobées, surmontées d'un quatre-feuilles. La balustrade est ornementée également de ravissants quatre-feuilles. Des garde-fous sans ornementation protègent la galerie de la nef, moins élevée que celle du chœur. Je passe rapidement en revue les vitraux qui datent des XIII° et XIV° siècles. Ces belles verrières ont été justement appréciées par les connaisseurs. Je remarque dans la nef, (côté du nord) les apôtres et les scènes principales de l'Evangile, puis du côté sud les Pères de l'Eglise. Les vitraux du chœur paraissent plus anciens, c'est-à-dire de la fin des XIII° siècle. Quarante portraits donnent les figures des prophètes et patriarches de l'ancien testament, revêtus de longues robes. J'apprends que, dans l'inflexion de l'abside, il y avait autrefois des grisailles qui ont été remplacées par des portions de vitraux qui proviennent de l'ancienne église Saint-Hilaire, située place Saint-Pierre, démolie en 1793. Ces vitraux représentent la *Naissance de Jésus*, l'*Adoration des Mages*, le *Massacre des Innocents*. Ils ont été peints par Robert Pinaigrier, en 1527 (2).

Au-dessous des orgues il y a lieu de signaler un tableau de grande dimension, les *Noces de Cana*, bonne copie d'un artiste français du XVII° siècle. Je regrette de ne pas pouvoir citer son nom. Il paraîtrait que l'original de ce tableau de maître se trouve à Venise.

Dans la chapelle absidiale, statue de la Vierge par Bridan.

(1) *Guide indicateur*.
(2) À Clerval.

Au centre de la dite chapelle, pierre tombale de Simon de Bérou, chanoine de Chartres au XIIe siècle ; avec portrait et inscription. Les magnifiques émaux, signés par Léonard Limosin, d'après les cartons du peintre Michel Rochetel (1547), sont dans ce moment à l'Exposition universelle. Chaque tableau donne l'image d'un apôtre avec ses attributs ; saint Pierre avec les clefs, saint Paul avec l'épée, etc., etc. Cette magnifique collection aurait été commandée par François Ier (1), puis Henri II en fit présent à Diane de Poitiers, qui les fit placer dans la chapelle de son château d'Anet. En 1802, la Préfecture les céda à l'église Saint-Pierre (2). Les restes de l'ancienne abbaye sont enclavés dans une caserne de cavalerie. Quelques vestiges du cloître sont encore visibles.

La visite à Saint-André a été fort rapide. C'était à l'origine une ancienne collégiale, fondée en 1108 par saint Avé, de Chartres. Située sur les bords de l'Eure, c'était avant la Révolution la paroisse la plus importante de Chartres (3). Désaffectée en 1793, cette église a longtemps servi de grenier à fourrages pour l'armée. En 1861, un incendie la détériora complètement. Cependant, quelques parties sont intéressantes. Porte romane flanquée d'élégantes colonnettes qui soutiennent une archivolte parfaitement sculptée. Trois têtes de monstres sont placées au-dessus du portail (1150) ; puis la corniche, située à la base des fenêtres du premier étage, est soutenue par un cordon de figures grimaçantes. Dans la partie méridionale de cet édifice, se trouve une tour carrée, sans élégance, qui supportait autrefois une flèche octogonale, élancée. Je crois que cette pyramide a été démolie pendant la Terreur. Une superbe rosace du XVIe siècle, aux meneaux flamboyants, a été abattue pour cause de sécurité publique, à la suite de l'incendie de 1861. L'intérieur est partagé en trois nefs, construites d'après l'architecture romane. Les piliers cylindriques sont au nombre de seize et portent l'empreinte des ravages occasionnés par le sinistre dont je viens de par-

(1) M. de la Borde aurait découvert récemment le compte de Michel Rochetel, 1545.
(2) M. Delaitre était alors préfet d'Eure-et-Loir.
(3) Cette ville comptait à cette époque onze paroisses.

ler. Des peintures murales du XIII⁰ siècle ont disparu. Avant le pillage de l'église, — je veux dire en 1793 — Saint-André renfermait un très beau jubé en bois, sculpté par P. Courtier et Jean de Beauce : une allégorie satirique faisant allusion à Calvin « *un porc battant le beurre dans une barratte* » (1). Les Terroristes ont aussi abattu une arche de quatorze mètres construite sur la rivière, ainsi qu'une grande chapelle, dédiée à la sainte Vierge, appuyée sur une élégante ouverture en arc jetée au-dessus du quai de la rive droite de l'Eure. Vauban parlait avec enthousiasme de ces deux arcades.

Saint-Martin au Val se trouve dans le faubourg Saint-Brice. C'était dans le principe un prieuré qui relevait de l'abbaye de Marmoutiers. Sa fondation remonte au X⁰ siècle. L'ancienne basilique avait autrefois de grandes proportions. L'intérieur possède une nef composée de trois travées avec collatéraux, transepts et chapelles voûtées en cul de four. Le chœur est surélevé de quelques degrés, sous lesquels se trouve une crypte remarquable par son ancienneté, attendu que les chapiteaux gallo-romains des colonnes sont en marbre. Saint-Martin au Val n'est plus actuellement qu'une modeste chapelle d'hôpital.

J'ai parlé, dans le cours de ce récit, des anciennes fortifications de la ville. Cette enceinte, protégée par de hautes murailles, comptait au moyen-âge sept portes énumérées ainsi : les portes Drouaise, Saint-Jean, Châtelet, Eparts, Saint-Michel, Morand et Guillaume. Cette dernière est la seule qui ait trouvé grâce devant la pioche des démolisseurs, située sur le bord de l'Eure. Un double fossé précède cette porte qui mérite une description toute particulière. L'un des canaux a été creusé à quelques mètres en avant et baigne la base des tours. Un pont de pierre remplace le pont-levis. Sous l'ogive on voit encore la coulisse de la herse et l'ouverture qui donnait passage à l'*Assommoir*. Les flèches du pont-levis ont laissé des traces apparentes.

Ce précieux reste de l'architecture militaire du XIV⁰ siècle est flanqué de deux tours rondes, réunies par une courtine

---

(1) A. Clerval.

couronnée d'une galerie en saillie, avec créneaux et mâchicoulis. Une fausse porte, destinée sans doute à faire des sorties secrètes dans le fossé, aujourd'hui murée, est visible du côté droit. Vers la fin du siècle dernier, cette porte était surmontée d'une petite chapelle, placée sous le patronage de saint Fiacre. Ce lieu de dévotion existait au XVIe siècle, puisqu'en 1520, un prêtre chanoine, maître Jumeau obtint l'autorisation de l'autorité épiscopale de faire construire une petite chambre, pour lui servir de logement, moyennant une somme annuelle de 27 sols 6 deniers tournois. Une partie de cette porte a été démolie en 1856, à la suite d'un incendie. Le nom de Guillaume vient d'un nommé Guillaume, vidame de Chartres. Sous la Révolution, la municipalité la nomma porte Guillaume-Tell.

Je termine mes visites de la matinée par la maison de Loëns, malheureusement pas connue par l'immense majorité des touristes qui visitent Chartres. Je reconnais que l'accès est peu facile, attendu que l'escalier en pierres qui conduit à l'ancien cellier des membres du chapitre de la cathédrale est masqué par un retranchement d'ais et il faut ramper pour arriver à l'entrée. Ce réduit est à demi-obscur, divisé en trois nefs ogivales avec voûtes d'arêtes soutenues par des piliers ronds ornés de gracieux chapiteaux. L'ensemble de ce local, destiné autrefois à la réserve des denrées qui appartenaient à l'évêque et aux grands dignitaires ecclésiastiques, est un beau spécimen de l'architecture du XIIIe siècle. Dans ce lieu souterrain on emmagasinait les vins, les céréales et les fourrages. Le doyen du chapitre avait droit de justice. Depuis quelques années, Loëns a été cédé à la manutention militaire.

Vers deux heures, la Société est réunie sur la place de la Cathédrale. Avant de visiter ce monument, les organisateurs du Congrès nous conduisent au palais épiscopal situé à proximité de la basilique. Mgr Mollien, évêque de Chartres, nous donne gracieusement l'autorisation de visiter les jardins et la terrasse, qui domine la vallée de l'Eure et qui offre un délicieux point de vue sur la ville basse, arrosée par cette rivière. Une portion de l'évêché a été affectée à une pension de jeunes gens qui se destinent au sacerdoce. Une certaine odeur d'acide phénique se répand dans cette partie des bâtiments et devient fort désagréable.

L'évêché fut bâti primitivement en 1253 sur l'emplacement d'une forteresse datant du VIIIe siècle ; surnommée le Châtelet. Mme de Maintenon fit des largesses et fit rebâtir le palais épiscopal. En 1702, l'aile en retour située derrière la façade a été édifiée par Mgr Godet des Marais. Sous le règne de Louis XV, la demeure des prélats a été transformée, sous la direction de Mgr Rosset de Fleury (1) ; un seul étage est bâti au-dessus du rez-de-chaussée. Ce bâtiment consiste en briques rouges.

La cathédrale de Chartres a été décrite par M. Didron en 1839. M. l'abbé Bourassé a fait paraître en 1843 un livre intitulé *Les Cathédrales de France,* dans lequel il résume, dans un certain nombre de pages éloquentes, les merveilles de ce monument qui se trouve un des plus prodigieux chefs-d'œuvre de l'art catholique. En 1850, M. l'abbé Bulteau a fait paraître une magistrale monographie du monument que nous sommes appelés à visiter, puis M. Ad. Lecoq parle avec enthousiasme de cette ravissante basilique, dans son livre *Les Maîtres de l'œuvre de la dite cathédrale (1876).* Je n'oublie pas MM. Merlet et Clerval, auxquels j'ai fait nombre d'emprunts pour la clarté de ce modeste récit.

La façade principale à l'ouest offre un aspect vraiment grandiose, par l'excellence de ses proportions. L'édifice donne l'ensemble d'une croix latine, avec l'abside tournée au nord-est. Un perron de six marches précède l'entrée divisée en trois portails. Cette façade mesure 50 mètres de largeur et paraît avoir été construite du temps de Fulbert ainsi que trois ouvertures ogivales placées au-dessus des trois portes. Magnifique rose du XIIIe siècle, surmontée d'une balustrade percée à jour. Plus haut se trouve une galerie composée de seize niches pourvues chacune d'une statue représentant un roi de France. Cette longue suite de figures en plein relief est appelée la galerie Royale. Une grande statue de la Vierge, tenant Jésus dans ses bras, placée entre deux anges qui portent des

---

(1) *Guide indicateur.*

flambeaux, se trouve dans le pignon se terminant par une arcature trilobée. La statue du *Christ bénissant* est placée au sommet de l'angle. Le monument est majestueusement encadré par deux tours surmontées d'élégantes flèches.

Les statues, plus grandes que nature, qui sont placées sous les porches, dateraient-elles du X⁰ siècle, époque à laquelle l'église fut incendiée par les Normands? Je ne puis l'affirmer; cependant l'imperfection des physionomies, la rudesse des vêtements et autres défauts feraient supposer l'âge primitif de la sculpture. D'après M. Albert Lenoir, il faut désigner ainsi les personnages de la porte Royale, ou Centrale, Clovis et Clotilde, Childebert et sa femme Ultrogothe, Clodomir et sa femme Gondicuque, Frédégonde sans son époux et Clotaire sans sa femme. La baie de droite, — d'après le même auteur, — montre les statues de Pépin le Bref, de Louis, fils de Louis d'Outremer et d'Egève, seconde femme de Charles le Simple et fille d'Edouard I*ᵉʳ*, roi d'Angleterre. Celles de la porte de gauche donne les portraits en pierre du roi Robert, de ses deux femmes Berthe et Constance et sa fille Adélaïde de France. On compte en totalité sept cent dix-neuf statues ou statuettes qui ornent les chambranles, les voussures et les tympans. Comme il m'est impossible de les énumérer en entier, je me contente de noter la *Vie de Jésus-Christ* sculptée sur les chapiteaux *L'Ascension* figure dans le tympan de la porte d'entrée à gauche, tandis que dans la voussure on remarque un zodiaque avec la figure allégorique des douze mois de l'année. La *Glorification du Christ* décore la baie centrale. Cette scène donne la reproduction de la vision de saint Jean dans l'Apocalypse. Assis sur son trône, Jésus-Christ est entouré des Evangélistes et des vingt-quatre vieillards, couronnés de l'auréole, jouant de la harpe et portant des vases à parfum. *L'Assomption de la Vierge* orne le tympan et la voussure de la porte latérale de droite. Les arts et les sciences sont représentés par des figures allégoriques.

Les deux tours sur lesquelles sont appuyés les clochers, qui diffèrent sensiblement par leur construction, ont été construites à la même époque, jusqu'à la hauteur de la rosace. Le clocher *Vieux* s'élève à droite. La première construction date de 1145, mais en 1395 il menaçait ruine et on fut obligé de le démolir jusqu'à sept mètres au-dessous du sommet. Vers cette époque — je veux dire à la fin du XIVe siècle, — ce clocher fut cerclé au moyen de bandes de fer et il paraîtrait qu'il n'a subi ancune réparation jusqu'à l'année 1754. La hauteur est de cent six mètres. Moins ornementé que son voisin, il attire moins les regards des profanes, mais, d'après mes confrères, le clocher Vieux est une œuvre incomparable de l'architecture du XIIe siècle comme uniformité, grandeur, excellence qui règnent dans la forme. D'après M. Viollet le Duc, il est impossible de dire où cesse la construction massive et où commence la construction légère. A l'aide de ma lorgnette, je distingue près d'une ouverture une échelle en fer, destinée à pratiquer l'ascension jusqu'au globe en cuivre doré, au centre duquel on a placé la croix. En 1681, on a mis sur cette croix un croissant de même métal qui brille au soleil. Trois statues se montrent à l'angle méridional de la tour : un ange tient entre ses mains un cadran solaire (1538) ; un âne qui joue de la harpe ; et la troisième, connue sous le nom de *la Truie qui file*, ne peut être décrite à cause de son mauvais état.

Le clocher du nord, plus élevé que son ancien, mesure cent vingt-deux mètres, y compris la croix. Jusqu'à la hauteur de la galerie des Rois, ces clochers sont de même style ; ils sont séparés par un intervalle de dix-sept mètres environ. Le sommet du clocher neuf consistait dans une flèche en bois recouverte en plomb, qui fut détruite le 26 juillet 1506 par le feu du ciel. Sur ces entrefaites, le chapitre de la cathédrale décida de faire construire une flèche en pierres et fit appel à la générosité des puissants seigneurs des environs et à la libéralité des bourgeois. En 1509, le roi Louis XII consacra deux mille livres à cette bonne œuvre et René d'Illiers, évêque de Chartres, donna une somme bien plus considérable. Les travaux furent commencés en 1507 et terminés en 1514, sous la haute direction de Jean Texier — dit Jean de Beauce — maître-maçon. Son salaire était de sept sols six deniers par jour.

Le clocher est divisé en sept étages voûtés en pierre. L'œuvre de l'artiste beauceron ne commence qu'au troisième étage. Les quatrième et cinquième degrés d'élévation ont la forme octogone et renferment les six cloches destinées au service de la cathédrale. Les fenêtres sont ogivales, pourvues de meneaux flamboyants. Une plate-forme, munie d'une riche balustrade, permet de circuler autour du cinquième étage et de contempler cette vaste étendue de pays plat, nommée la Beauce. Le sixième étage, réservé aux guetteurs, c'est-à-dire aux gens chargés de donner l'alarme, en cas d'incendie, offre des dispositions à peu près semblables. La cloche du tocsin, est placée dans le septième étage. Fondue en 1520, elle mesure six mètres de circonférence et pèse cinq mille kilogrammes. On y voit la fameuse devise du *Père des Lettres* — je veux dire la Salamandre — Un escalier de trois cent soixante-dix-huit marches conduit au faîte de l'édifice qui consiste dans une lanterne octogonale. Une pyramide de même forme, gracieusement ouvragée, termine le clocher sur le sommet duquel un vase en bronze a été placé en 1691 par Claude Augé, artiste lyonnais. Une croix en fer de vingt-quatre mètres de hauteur est ancrée dans cet ornement peint en couleur cuivrée.

Le pavillon de l'horloge se trouve à proximité du clocher nord, en se dirigeant vers l'évêché. Ce petit édicule est une construction délicieuse de la Renaissance, bâti en 1520 par Jean de Beauce. Les rouages de l'horloge correspondaient jadis avec la cloche du tocsin, située, comme je l'ai dit, au septième étage de la tour septentrionale.

Les matériaux qui ont servi à bâtir la cathédrale consistent en pierres d'un calcaire rugueux, qui ont résisté aux intempéries des saisons et aux injures des siècles. Elles proviennent des carrières de Berchères-l'Evêque, commune située aux environs de Chartres. Les hautes fenêtres sont pourvues chacune d'une admirable rosace ; la séparation est faite par de gracieux arcs-boutants formés par deux énormes quarts de cercle superposés et concentriques. Les sculptures sont innombrables à l'intérieur : dix-huit cents statues ; mais je ne parle pas des quantités de mascarons, corbeaux et gargouilles qui entourent l'édifice (1). Le transept est terminé à chaque extrémité par

---

(1) H. Stein, *Grande Encyclopédie*, tome x, p. 821.

une façade, divisée chacune en trois porches ciselés, fouillés, brodés sur toutes les nervures. Ces portails ont été bâtis à la même époque, c'est-à-dire vers le milieu du XIII° siècle. Celui du nord est précédé d'un perron de treize marches. La longueur est de treize mètres et la profondeur de six mètres et demi. Commencé sous le règne de Philippe-Auguste, la famille royale avait fourni d'importants subsides pour l'édification de ce porche dédié à la sainte Vierge ; il fut terminé en 1275. Toute la vie de la mère du Sauveur est représentée sous ce portique, qui comprend sept cents statues ou statuettes, y compris les *Précurseurs du Messie*, l'*Arbre de Jessé*, la *Création du monde*, les *Vierges sages et les Vierges folles*, les *Béatitudes de l'âme et du corps* et les statues des hauts dignitaires qui firent des dons à la Basilique. Sainte Anne qui entoure, de ses bras, sa fille Marie, encore toute enfant, est représentée par une statue colossale, située sur le trumeau de la porte centrale. Le premier étage de chaque façade est composé d'une balustrade qui sert de base à une galerie de cinq fenêtres. Une grande rosace, accompagnée de huit niches pourvues de statues, se montre au-dessus ; puis une galerie couverte, placée sous une clôture ajourée, est dominée par un pignon paré d'une grande statue, protégée par un dais sculpté. Le porche nord a été remanié au XIV° siècle, dans la partie supérieure de la galerie couverte. Quatre statues, situées à proximité de la sacristie, ont disparu en 1793, à la suite d'un décret qui ordonnait la destruction de ces œuvres d'art.

La façade méridionale présente les mêmes caractères que ceux du portail nord. J'ai dit dans un chapitre précédent, que celui du midi était en réparations et j'ai pu à grand'peine prendre les notes ci-après. La construction date du XIII° siècle. Le perron est élevé de dix-sept marches, la longueur est de quarante mètres sur une largeur de six mètres et demi. Une galerie qui contient dix-huit grandes statues — les rois de Juda, — est placée au-dessus des trois baies ogivales, pourvues chacune d'un ornement en triangle, paré de niches qui renferme chacune une figure de Saint ou d'Apôtre. La statue du **Christ bénissant** repose sur le trumeau de l'entrée principale. Placé sous un dais merveilleusement sculpté, le Sauveur écrase sous ses pieds le Lion et le Dragon. Les sculptures du porche représentent le *Jugement dernier*. Les statues sont ou nombre de sept cent quatre-vingt-trois. Jésus-Christ est entouré de la *Vierge*, des *Apôtres*, des *Neuf chœurs d'Anges*, des *Martyrs*, etc., etc.

Les façades septentrionale et méridionale sont flanquées chacune de deux tours carrées restées inachevées et qui montent jusqu'à la hauteur de la galerie supérieure. La chapelle Saint-Piat (XIV*), bâtie derrière l'abside, est appuyée sur six lourds contreforts. Deux tours rondes, placées à la naissance de l'abside, sont recouvertes en ardoises et devaient être ornées de flèches en plomb. Les révolutionnaires ont détruit une aiguille élancée qui s'élevait à une certaine hauteur, au-dessus de la toiture.

L'impression de l'archéologue est indéfinissable quand il entre dans cette majestueuse basilique pour la première fois ! ! ! La hardiesse et la pureté des lignes, les dimensions colossales, l'étendue des nefs et les superbes vitraux qui jettent une clarté mystérieuse dans ce lieu consacré à la prière, s'harmonisent à merveille avec le mysticisme du moyen-âge.

La large nef est composée de huit travées ; le transept en renferme deux et le chœur quatre. La nef et le transept sont pourvus l'un et l'autre de bas-côtés ; le chœur et le sanctuaire sont entourés d'un double collatéral.

Les piliers au nombre de trente-deux sont octogonaux et sont composés de colonnes engagées. Les chapiteaux sont généralement ornés d'un double rang de crosses végétales. Seize grosses colonnes alternativement rondes ou octogones, appelées piliers normands, entourent le chœur. Les *piliers toriaux* nommés ainsi, parce qu'ils étaient destinés à servir de base au clocher central, sont placés dans le transept et consistent en quatre corps de maçonnerie collossaux agrémentés de colonnettes qui s'élèvent depuis le pavé jusqu'à la voûte (1) au-dessus des arcades ; une galerie ou *Triforium* entoure complètement l'édifice, mais

---

(1) Clerval.

elle est d'inégale largeur. Ce passage ouvert dans l'épaisseur des murs est figuré par quarante et une travées, dans chacune desquelles cinq arcades ogivales sont supportées par de légères colonnettes. Un grand nombre de roses et de fenêtres élancées constituent la claire-voie. Les voûtes de la nef et du chœur mesurent trente-sept mètres. La longueur totale de l'édifice est de cent vingt-huit mètres et la largeur trente-deux mètres.

Les vitraux sont remarquables et cette magnifique collection ne peut être comparée qu'à celle de la cathédrale de Bourges, visitée par notre Compagnie en 1898.

Les trois fenêtres de la façade sont pourvues des verrières; les plus anciennes (fin du XIIe siècle), placées sous la grande rose occidentale. Ce magnifique ensemble de peinture sur verre, garnit cent vingt-cinq grandes fenêtres, trois roses immenses, trente-cinq roses moyennes et douze ouvertures de plus petite dimension. La majeure partie date du XIIIe, tandis que les autres vitraux ont été peints aux XIVe, XVe et XVIe siècles. La plupart de ces œuvres antiques ont été données par Blanche de Castille, saint Louis et saint Ferdinand (1), etc., tandis que celles qui décorent l'étage inférieur ont été octroyées par les coopérations ouvrières. Je regrette de ne pouvoir donner la nomenclature complète de ces chefs-d'œuvre de verres colorés, invention due au génie du Hollandais Arnold Hort. Au XVIIIe siècle, les mêmes fautes que j'ai signalées à l'église Saint-Pierre ont été commises à la cathédrale, c'est-à-dire que des ouvriers inintelligents ont massacrés quelques vitraux en remplaçant les parties disparues par des vitres blanches.

Au centre de la nef, il y a un labyrinthe, incrusté dans le dallage et exécuté en pierre bleue de Senlis, formée de plates-blandes, droites et courbes, de pierres de diverses couleurs qui, par la diversité de leurs circuits, rappellent la configuration des anciens dessins, en honneur chez les Egyptiens. Ce labyrinthe mesure une circonférence de quarante mètres et son développement total est de deux cent quatre-vingt-qua-

---

(1) Je présume que c'est Ferdinand III, roi de Castille et de Léon (1199-1252).

torze mètres. Les gens du pays l'appellent *la lieue*, parce que les fidèles mettaient autrefois une heure à répéter des prières, en suivant la ligne de pierres blanches (1). Je retrouve, dans le manuel d'archéologie de M. Camille Enlart, que les églises de Sens, Saint-Quentin et Amiens sont également pourvues de labyrinthes et que cet exercice de piété procurait des indulgences aux personnes qui ne pouvaient accomplir un pèlerinage lointain.

Les chapelles étaient dans l'origine au nombre de trente-neuf. Quelques-unes furent abolies en 1661 afin de débarrasser la cathédrale. La Révolution fit le reste, de sorte qu'il n'y en a plus que onze dans l'église supérieure. Je me contente d'esquisser à grands traits celle de *Notre-Dame du Pilier* ou *Vierge des Miracles*. Une statue en bois noir et doré, datant de la fin du XVe siècle, représente une Vierge assise, portant dans sa main droite une poire et entourant de sa main gauche l'Enfant Jésus, reposant sur les genoux de sa mère, est placée sur le sommet d'une colonne qui faisait autrefois partie de l'ancien jubé. Malheureusement la Madone de Chartres est recouverte d'un costume hétéroclite, puis les lampes et les dorures destinées à orner cette chapelle font un singulier effet. M. Clerval m'apprend que l'une de ces lampes a été donnée par Mgr Pie, évêque de Poitiers, et que la plus petite de toutes provient d'un oratoire russe. Ce présent a été fait par un officier français, après la guerre de Crimée. J'ai remarqué que le pilier sur lequel repose la *Consolatrice des affligés* porte l'empreinte des baisers des fidèles (2). Pendant les mauvais jours de la Terreur, cette statue fut jetée dans la crypte, au milieu de débris de toutes sortes. En 1806, M. l'archiprêtre Maillard l'a fait placer dans l'endroit où elle se trouve actuellement. Une boiserie de style ogival, appliquée contre la muraille, a été posée en 1831.

Les dimensions du chœur sont très vastes, trente-huit mètres trente-quatre centimètres sur seize mètres de largeur. Un splendide jubé, édifié vers la fin du XIIIe siècle, séparait

---

(1) Clerval.
(2) Par un bref du pape Pie IX, cette statue a été couronnée le 11 mai 1855, sous l'épiscopat de Mgr Régnault.

autrefois le chœur de la nef. Il fut démoli en 1763. La clôture du chœur est composée de quarante-et-une niches, dont la base et le couronnement sont aussi bien sculptés que les statues presque aussi grandes que nature. Toute la *Vie de la Sainte Vierge et de Jésus-Christ* a été taillée dans la pierre. C'est un véritable chef-d'œuvre. Un assemblage de pyramides, découpé à jour, forme le sommet de cette enceinte. Le plan fut donné par le chanoine Mainterne et les travaux furent commencés sous l'habile direction de Jehan de Beauce (1514). Les quatre premiers groupes sont l'œuvre de Jean Soulas, maître imagier de Paris (XV° siècle) : 1re, l'apparition de l'ange qui annonce à saint Joachim la naissance de la Vierge ; 2e, la même apparition à sainte Anne en prière dans sa chambre ; 3e, la rencontre à Jérusalem, près de la Porte-Dorée, de saint Joachim et de sainte Anne et qui se félicitent de la bonne nouvelle ; 4e, la Nativité de la Vierge. Les 35e, l'Ascension, 36e, Descente du Saint-Esprit sur les Apôtres, 37e, Adoration de la Croix par la Vierge, 38e, Mort de la sainte Vierge, 39e, les Apôtres portant au tombeau le corps de la sainte Vierge, sont aussi attribués à Jean Soulas. Vers 1612, Thomas Boudin, d'Orléans, exécuta les groupes 16, 17 et 18 : Tentation de Notre-Seigneur par Satan, la Chananéenne et la Transfiguration. Le 19e, la Femme adultère, est de Jehan de Dieu, 1681, Pierre Legros, de Chartres, passe pour être l'auteur du 20e, Guérison de l'Aveugle-né. Le fronton du chœur a été terminé en 1706. Je sais que plusieurs maîtres sculpteurs ont travaillé à cette délicieuse décoration, tels que Mathurin Delorme, artiste chartrain, 1530 ; Nicolas Guibert, également de Chartres, 1643 ; Augé, de Lyon, 1698. Je présume que les derniers sculpteurs ont été François Marchand, d'Orléans, Simon Mézières et Tuby le Jeune.

Entre la huitième et la neuvième niche, il existait avant 1793 une horloge très remarquable qui marquait les heures, les jours, les mois, le lever et le coucher du soleil, l'âge de la lune et les signes du zodiaque. Le cadran se voit encore ; il est soutenu par deux anges. Une très jolie tourelle, style renaissance, renfermait l'escalier ainsi qu'un carillon.

Le sanctuaire a subi des réparations de mauvais goût au

XVIIIe siècle, d'après le plan de Louis, architecte du duc d'Orléans. En 1786, le dallage a été remplacé par un pavé noir et blanc, formant damier. Des rideaux en stuc, placés entre les piliers, font un effet déplorable. Le maître-autel, consacré le 7 août 1773, construit en marbre bleu turquin, est placé au milieu du sanctuaire. La forme est celle d'un tombeau antique, décoré de bronze doré. Six chandeliers de vieux métal sont précieux et dignes d'attention. Ils ont été sculptés au ciselet par Louis Pricar de Paris, moyennant la somme de 7,800 livres (1). Le célèbre groupe de l'*Assomption* domine le maître-autel, œuvre de Charles-Antoine Bridan, sculpteur du roi et membre de l'Académie royale de sculpture. Ce magnifique groupe mesure un peu plus de six mètres de haut. La figure de la Vierge est pleine de grâce et de majesté, trois anges la soutiennent et semblent diriger leur envolée vers le ciel. L'artiste bourguignon — je veux dire Bridan — a sculpté ce chef-d'œuvre dans six blocs de marbre qu'il était allé choisir lui-même à Carrare. M. Clerval dit que ce travail a coûté à la fabrique de Notre-Dame la somme de 47,000 livres : 30,000 pour frais d'exécution et le reste pour le transport. Le même auteur ajoute que ce groupe a été inauguré le jour de Pâques (1773), mais j'ai retrouvé un document qui constate que ledit groupe n'a été achevé que pendant le cours de l'année 1776(2).

En 1793, la folie révolutionnaire allait anéantir ce bel ouvrage, quand des municipaux, amis des arts, eurent l'heureuse pensée d'habiller la Vierge en déesse de la Raison et de la coiffer d'un bonnet phrygien. Ce stratagème sauva de la destruction ce délicat morceau de sculpture qui est un objet d'admiration parmi les artistes.

Les stalles sont au nombre de cent dix-sept. Elles ont été achevées en 1790 par Lemarchand. Je n'en parle pas, parce qu'elles sont lourdes et massives, puis elles n'offrent aucun intérêt au point de vue artistique.

Derrière le maître-autel se trouve une armoire pratiquée dans l'épaisseur du mur du sanctuaire. Ce vaste meuble ren-

---

(1) A. Clerval.
(2) *Grande Encyclopédie*, t. VIII, p. 4.

ferme le Trésor, qui était autrefois très riche ; mais la Révolution le saccagea presqu'en entier. Cependant, il existe encore quelques pièces très précieuses que j'énumère ci-après : 1° le *voile de la sainte Vierge*, renfermé dans une châsse. Cette précieuse relique fut donnée, d'après la tradition, à Charlemagne par Constantin VII, empereur d'Orient, surnommé Porphyrogénète, et par l'impératrice Irène. Charles le Chauve trouva, paraît-il, ce voile à Aix-la-Chapelle et en fit présent, en 876, à Notre-Dame de Chartres ; 2° le *voile de l'impératrice Irène*, magnifique étoffe byzantine, remontant au VIII° siècle, avec broderies or sur jaune, donnant la reproduction d'animaux chimériques, tels que des petits aigles ; 3° *Tryptique en émail du XIII° siècle ;* 4° la *Navette à encens de Miles d'Illiers*, évêque de Luçon, en 1540 ; 5° *l'autel des Anglais*. Je reproduis une note trouvée dans un ancien dictionnaire géographique, par Laurent Echard (1). Un soleil d'or, renfermé sous un petit dais d'or, porté par quatre barons anglais en habit de cérémonie. Ce magnifique objet d'art qui consiste dans une minuscule table d'autel en marbre vert, aurait été apporté à Chartres, en 1420, par les sujets de Henri V, roi d'Angleterre (2).

La *crypte* a été construite au XI° siècle par l'évêque Fulbert. Les dimensions sont immenses, cent dix mètres de longueur, soit deux cent vingt mètres de circuit, sur une largeur de cinq à six mètres. En forme de fer à cheval, cette église souterraine passe pour être la plus étendue qui existe en France. Elle est divisée en quatre parties distinctes : 1° deux galeries latérales qui prennent naissance à la base des clochers ; 2° deux transepts, orientés de la même façon que ceux de l'église supérieure ; 3° abside entourée de sept chapelles ; 4° le *Martyrium*, au caveau de Saint-Lubin, se trouve placé sous le chœur de l'église. Un bas-relief, datant de l'époque gallo-romane, est déposé à gauche, sur une énorme pierre. La sculpture est fruste et représente un chevalier, revêtu de la toge et du manteau. La chapelle Saint-Martin renferme

---

(1) 13ᵉ édition, traduite de l'anglais, par Vosgien, chanoine de Vaucouleurs, (1779).

(2) A. Clerval.

quelques débris du jubé (XIIIᵉ siècle). Dix figures colossales de saints, renfermées dans des niches cintrées, sont les restes d'une fresque du XIIᵉ siècle, et se trouvent dans la chapelle Saint-Clément et Saint-Denis. La chapelle Saint-Nicolas (*alias* du Saint-Esprit) a été ouverte en 1681, par le chanoine Leclerc. Restaurée de nos jours, sous la direction de M. P. Durand, on y voyait, il y a quelques années, le tombeau de saint Galétric, évêque de Chartres, décédé en 557 (1). Une curieuse piscine du XIIIᵉ siècle, surmontée d'une peinture, — en mauvais état — représentant la *Nativité de N.-S. J.-C.*, se trouve dans le corridor, puis quelques mètres plus loin on passe à côté des *anciens fonts baptismaux* (XIIᵉ siècle), destinés anciennement au baptême des enfants des gens préposés au service de l'église et aux parents des chanoines. Les chapiteaux des quatre colonnes cannelées qui soutiennent cette grande cuve monolithe sont dignes d'être signalés, ainsi que les moulures.

Je ne parle pas des autres chapelles, attendu qu'elles ont été modernisées; je passe au *Martyrium*, ou chapelle de Saint-Lubin, située, comme je l'ai déjà dit, dans le sanctuaire de l'église haute. Ce caveau était destiné au dépôt des reliques des Saints Martyrs, puis, plus tard, il servit à mettre en lieu sûr le trésor de Notre-Dame. La construction de ce lieu souterrain remonte sans aucun doute au IVᵉ siècle, attendu qu'une muraille, confectionnée en briques rouges posées horizontalement, démontre le caractère de l'architecture romane de l'époque. A l'entrée du caveau, il y a une basse-fosse, qui servait de cachette à la châsse renfermant la *sainte tunique de la Vierge*. Cette chapelle a été placée sous le patronage de saint Lubin, prélat fort vénéré dans le pays chartrain. Léobinus, ou saint Lubin, prédécesseur de saint Caletric, est né à Poitiers ; il exerçait dans sa jeunesse l'humble profession de pâtre, devint prêtre et fut, dans la suite, abbé de Brou ; plus tard il fut élu évêque de Chartres, à cause de ses éminentes vertus (547). Il y avait, dans l'origine, un puits, nommé puits

---

(1) Cette tombe, munie d'une inscription, a été transférée dans la chapelle Saint-Martin. Elle se trouvait avant 1702, dans la salle capitulaire, au-dessus de la chapelle Saint-Piat.

des Saints-Forts, aujourd'hui comblé. D'après une ancienne chronique, Quirinus, commandant en chef de la province sous l'empereur Claude, fit périr plusieurs chrétiens par le glaive et fit jeter leurs cadavres dans ce trou profond. Sous le bas côté du chœur à gauche, il y a une grande cave voûtée en pierres, qui était probablement destinée à conserver les viandes, puis il y a un sombre réduit, appelé le Chenil, dans lequel on renfermait les chiens destinés à la garde de la crypte pendant la nuit.

Je termine par la chapelle de *Notre-Dame de Sous-Terre*. Quelques écrivains prétendent que ce sanctuaire occupe l'ancienne grotte des Druides, dans laquelle ils adoraient la *Vierge qui devait enfanter*. La voûte date du XI* siècle, construite en pierres très dures, sans ornementation ; les cintres forment des arêtes qui reposent sur des pilastres engagés (1). Le même principe existe dans toute cette partie de l'édifice, je veux dire la crypte. Quelques restes de peinture murale, du XII* siècle, sont à peine visibles, ainsi que celles de la voûte, exécutées en 1636 par deux enfants de Chartres, Nicolas Pauvert et Philippe de la Ronce. Ce dernier travail a été fait sur l'ordre de Louis XIII. La statue de Notre-Dame de Sous-Terre est en bois d'ébène, placée sous un riche baldaquin et remplace celle qui fut adorée par les Druides (2), attendu qu'au mois de décembre 1793 elle fut brûlée dans un feu de joie, sous le porche Royal. M. Clerval ajoute que tous ceux qui prirent part à cette action impie furent renfermés dans une maison d'aliénés. La statue actuelle est l'œuvre de M. de Fontenelle, de Paris, et a été inaugurée solennellement le 3 septembre 1857. Il paraîtrait que cette Vierge noire est la reproduction parfaite de l'ancienne. Une grande quantité d'*ex-voto* l'entourent, ainsi que plusieurs lampes en vermeil. Depuis la Révolution jusqu'à 1854 la crypte n'était pas livrée au culte. Il y a une cinquantaine d'années elle était louée à une corporation de tonneliers. Je dois re-

(1) A. Clerval.
(2) J'ai vu quelque part que cette statue aurait été détruite pendant l'incendie de 1020.

mercier, en terminant, M⁰ʳ Molien, qui avait donné des ordres pour éclairer la crypte, afin que tous les détails de cette église souterraine n'échappent pas à notre savante compagnie.

Après cette longue visite à la cathédrale, la majeure partie des congressistes se dirige vers la demeure de M. Lorin, trésorier du congrès. L'habile artiste verrier nous fait les honneurs de son atelier, situé dans un îlot de verdure, entre deux bras de l'Eure. Je lui adresse ici les compliments unanimes de mes collègues.

M. Merlet, cicerone aussi aimable qu'érudit, nous mène visiter l'escalier de la reine Berthe, seconde femme du roi Robert (1020). Cet escalier est renfermé dans une tourelle, du XV⁰ siècle. Construit en bois, il forme une vis et mesure près de dix mètres de hauteur sur un diamètre de trois mètres vingt. Nombreuses sculptures sur les poutres extérieures. Quinze panneaux historiés ornent l'intérieur, ainsi qu'une porte, située entre deux rouleaux tordus, accompagnés de fleurs de lis et de deux blasons. L'ancienne maison consulaire est adossée à cet escalier qui faisait partie de la demeure appartenant à l'épouse de Robert le Pieux et à la comtesse Berthe, sa petite-fille. L'ancien château des comtes de Chartres était situé à proximité de cette gracieuse construction.

La maison du Saumon forme le principal ornement de la place de la Poissonnerie, construction en bois du XV⁰ siècle. Elle consiste en deux étages en encorbellement soutenues par des pièces de bois ornées de sculptures originales. Dans le bas, on remarque un cep de vigne, un ange et un gros poisson, peint en rouge ; une truie qui file, paraît au-dessus du premier étage, sous la saillie d'une poutre. Cette intéressante maison a été sans doute bâtie par un bourgeois, exerçant la profession de cabaretier, à l'époque de la Renaissance.

La séance du soir a été présidée par M. Hans Hildebrand, directeur des Musées de Stockolm. Le Bureau était ainsi composé : MM. le comte Lair, marquis des Meloizes, comte de Ghellinck, Roger Durand, Jules Lair, Lefèvre-Pontalis. Les fonctions de secrétaire sont remplies par M. l'abbé Langlois.

M. Hans Hildebrand ouvre la séance en prononçant quelques mots aimables destinés à la mémoire de M. de Marsy, dont la perte a été vivement ressentie, non seulement en France, mais aussi à l'étranger.

M. Philippe Feugère des Forts lit un rapport très documenté sur le château de Villebon. (Castel qui sera visité très prochainement par les membres du Congrès.) Le village de Villebon est situé sur les confins de la Beauce et du Perche. Le château est un des plus remarquables du pays, à cause de sa construction qui remonte au commencement du XVe siècle; l'aspect de ses créneaux, mâchicoulis et pont-levis donnent une idée parfaite des forteresses féodales du temps des Valois. La famille d'Estouville la possédait au XVe siècle et la dota d'un ameublement luxueux, principalement de tapisseries de toute beauté. Parmi les hôtes illustres qui séjournèrent à Villebon, nous citerons Louis XI, qui y passa quelques jours en 1446. Ayant gardé un très bon souvenir de l'hospitalité reçue dans ce château, le roi fit don au sire de Villebon d'une somme de mille livres, afin de l'aider dans les dépenses nécessitées pour l'entretien de sa demeure ravagée par un incendie.

Le prince de Condé en fut propriétaire en 1615, puis ce domaine passa entre les mains de Sully, qui l'acheta en 1626. Depuis le XVIIe siècle, cette habitation n'a pas subi de changement; l'architecte avait adopté le plan de la Bastille. L'ancien ministre de Henri IV avait peu d'influence à la cour de Louis XIII; c'est pourquoi il fit des séjours prolongés à Villebon. Sully mourut dans sa résidence favorite le 22 décembre 1641, à l'âge de 81 ans. Les familles de Béthune, de l'Aubépine succédèrent à Sully, puis cette gentilhommière fut acquise par le marquis de Pontoi, aïeul du propriétaire actuel.

M. de Gellinck demande si l'imprimerie de Sully se trouvait à Villebon. Sur la réponse négative de notre érudit collègue, qui rappelle que ladite imprimerie se trouvait à Sully-sur-Loire, M. Hildebrand remercie M. Fougère des Forts de son intéressante communication.

Je résume en quelques mots la longue conférence faite par

M. Guignard de Butteville, — savant archéologue et généalogiste très distingué — sur les fouilles faites à Averdun, près Blois. Plusieurs photographies et plans, exécutés par l'auteur de ces patientes recherches, circulent dans les rangs de l'assistance. Ces reproductions photographiques représentent des squelettes et plusieurs objets précieux qui remontent à l'époque préhistorique. M. le Président adresse à l'orateur ses sincères félicitations.

La communication de M. Jules Lair, sur le siège de Chartres, par les *Northmans*, en 911, a obtenu un légitime succès. Après avoir rendu un juste hommage à l'érudition de M. Merlet, archiviste, qui a beaucoup écrit sur la ville de Chartres et sur le pays de Beauce, M. J. Lair nous rappelle que les Northmans sortis de leurs repaires, situés dans les pays septentrionaux, firent aux IXe et Xe siècles plusieurs descentes en Gaule, semant sur leur passage toutes les horreurs de la guerre : pillage, incendie, etc... Les habitants de la Beauce, outrés de la faiblesse des rois de France, qui ne songeaient guère à les protéger, résolurent de fonder une ligue et défendre leur capitale jusqu'à la mort. Ils firent appel aux ducs du Poitou, aux comtes de Blois et de Dunois qui leur donnèrent leur appui. Rollon, chef normand, se présenta devant Chartres en avril ou mai 911, et, à sa grande surprise, il trouva la ville en état de défense. Malgré cela, le redoutable commandant de l'armée scandinave attaqua du côté où se trouve aujourd'hui la Fonderie, tandis que l'armée chartraine fit une sortie par la porte Neuve et tailla en pièces les assiégeants. Les anciens manuscrits disent que cette porte était si large que cinq cents combattants pouvaient passer de front. Rollon, après avoir perdu six mille hommes, se sauva dans la direction du Pré des Reculés, tandis qu'un détachement d'un millier de ses hommes réussit à s'enfuir vers le nord, en évitant l'armée du duc de Poitou, arivée en retard pour prendre part à la bataille. Cependant, quelques années après, le roi de France — Charles-le-Simple — s'allia avec Rollon pour châtier les seigneurs révoltés contre l'autorité royale.

L'agréable, ravissante et spirituelle causerie de notre confrère soulève des tonnerres d'applaudissements. M. Hans

Hildebrand — qui est aussi scandinave — adresse des éloges bien mérités à M. Jules Lair.

La séance est terminée par la présentation de plusieurs dons faits par un certain nombre d'érudits. Monographie faite par M. Gosset, architecte à Reims, sur l'église Saint-Remy de Reims, avec plans (XIe et XIIe siècles) ; autre monographie de la cathédrale Saint-Julien du Mans, écrite par M. Gabriel Fleury, en collaboration avec M. l'abbé Ledru ; *Notice de la station de Chartres*, par Moutié, offerte par Mme Petrot-Garnier. Ces brochures sont acceptées avec empressement par M. le président. La séance est terminée après onze heures.

V

Excursion a Bonneval et a Chateaudun

Samedi 30 juin.

Les congressistes sont réunis à sept heures sur la place du Marchés-aux-Chevaux ; je veux dire à la station du tramway de Bonneval. L'administration avait frété un convoi spécial, afin de transporter dans cette localité les quatre-vingt-six personnes inscrites pour cette excursion.

Le temps promet d'être délicieux, attendu que l'astre lumineux qui réchauffe la terre est dépourvu momentanément de ses rayons incandescents. Une douce brise, très agréable, caresse le visage des savants entourés d'une fort jolie grappe de Chartraines devenues archéologues pour la circonstance.

A sept heures précises, le sifflet strident de la locomotive annonce le départ. Le tramway suit la route de terre allant à Châteaudun et passant par Bonneval. Je remarque l'Hôtel-Dieu, situé à l'extrémité d'un vaste jardin, protégé par une magnifique grille en fer forgé, qui ornait le chœur de la cathédrale, dans le courant du XVIIIe siècle. Après avoir dépassé les dernières maisons de la ville, la ligne du chemin de fer économique fait un contour, afin d'éviter un accident de terrain — particularité fort rare dans le département d'Eure-et-Loir — puis il reprend la route nationale, pour ne plus s'en écarter jusqu'à destination — je veux dire Bonneval.

Le paysage est monotone, attendu que nous sommes en pleine Beauce, pays plat, sans halliers et sans rivières. Des champs destinés à la culture des céréales, mais actuellement dépourvus de leur culture, s'étendent à perte de vue, et on peut dire avec juste raison que si Cérès règne en souveraine dans le pays de Chartres, c'est au préjudice des naïades qui président aux sources des fontaines et des rivières. D'après l'écrivain gallo-romain Venantus Fortunatus ou saint Fortunat, devenu plus tard évêque de Poitiers, il manque six choses à l'ancienne *Belsia :* « des fontaines, des prés, des bois, des rocs, des vergers et des vignes ». Dans cette plaine sans limite, on aperçoit quelques fermes, quelques rares bouquets de bois rabougris, et des hameaux couverts de chaume à l'aspect triste et désolé.

Le train s'arrête à la station de Thivars, bourg de 650 habitants, situé sur les bords de l'Eure, rivière qui forme un circuit, avant de faire son entrée à Chartres. Très court arrêt au Temple, village sans importance, puis on traverse la ligne d'Orléans avant d'arriver à Bonneval, première escale de notre excursion.

La ville de Bonneval (*Bonnevallis*) est agréablement située sur le Loir, presqu'au confluent de l'Ozanne, ruisseau prenant sa source près d'Authon, chef-lieu de canton de l'arrondissement de Nogent-le-Rotrou. Au moyen-âge, cette place-forte — je veux parler de Bonneval — était entourée de fossés et hautes murailles flanquées de tours, était un point stratégique très important. En 1135, Louis le Gros la força à se rendre après un siège opiniâtre et la fit raser. Henri V, roi d'Angleterre, en se rendant au siège d'Orléans s'en rendit maître et la fit démanteler. Cependant, cette ville se releva de ses ruines, sous les règnes de Louis XI et de Charles VIII, mais elle eut beaucoup à souffrir pendant les guerres de Religion, attendu que les deux partis — catholique et protestant — se la disputèrent plusieurs fois. Avant la Révolution, Bonneval était une châtellenie, ressortissant d'Yenville, de l'élection de Châteaudun et de la généralité d'Orléans. Il y avait autrefois quatre églises, mais il n'existe plus que celle de Notre-Dame, monument du XII° siècle, surmonté d'une flèche très élevée, avec un couronnement original en charpente. Cet édifice ne possède pas d'abside, c'est une nef, flanquée de bas-côtés qui se termine par un chevet plat. Un autre petit clocher, en forme de lanterne est placé au-dessus du chœur. A l'intérieur, il y a une galerie qui passe entre les grandes arcades et les hautes fenêtres. Les unes sont construites en plein cintre et les autres en arc brisé. Deux tableaux, qui ont une certaine valeur, ayant échappé au sac de l'abbaye en 1793, sont conservés dans cette église.

L'histoire de Bonneval se rattache à son abbaye, fondée en 841, par un seigneur nommé Foulques et placée sous le patronage des glorieux martyrs saint Pierre et saint Marcellin. Le premier abbé fut un nommé Gausmar. Le monastère fut saccagé à l'époque de l'invasion des Normands, mais quelques années après il fut relevé de ses ruines avec l'aide des seigneurs circonvoisins, Geoffroy, vicomte de Châteaudun, son fils Hugues et Thibault le Tricheur. En 1420, les Anglais commirent des dégâts considérables. Les Calvinistes détruisirent, en 1568, le couvent, en partie, puis il fut reconstruit sous le règne de Henri III (1). Avant la Révolution, cette abbaye rapportait 4,500 livres de revenus (2). Quand les ordres religieux furent supprimés, ce monastère fut acheté par un maître de poste qui le revendit à un industriel de Paris, pour y établir une filature de coton. En 1820, le conseil général d'Eure-et-Loir se rendit acquéreur des restes de l'abbaye, afin de recueillir les enfants trouvés et les adolescents pauvres. Pendant quelques années, les anciens bâtiments conventuels ont servi de colonie agricole. Mais, en 1843, l'hospice des aliénés du département a été transféré dans l'antique demeure des religieux de l'ordre de Saint-Benoît.

La porte d'entrée a toujours conservé son aspect moyen-âge. Le Loir entoure l'enclos et il n'y a pas de doute qu'un pont-levis défendait autrefois l'entrée du monastère. Ce pas-

---

(1) *Grande Encyclopédie*, t. vii, p. 344.
(2) *Dictionnaire géographique*, par Laurent Echard.

sage fortifié a conservé un appareil en échiquier du XV⁰ siècle. Il est flanqué de deux tours en briques, terminées en forme de poivrières. Le reste a été approprié à la moderne. Les appartements de monsieur le directeur, sont situés dans cette partie de l'asile. Je me souviens qu'il y a environ quelque quarante années, un ancien ami de ma famille, monsieur le docteur Dagron, a habité ce local, en qualité d'administrateur de cet hospice.

Il ne reste que très peu de chose des constructions primitives de cette abbaye, habitée avant la Révolution par une confrérie de Bénédictins : le cloître date du XVII⁰ siècle ; quelques salles voûtées, un pan de mur à colonnettes, faisant partie de l'ancienne chapelle ; crypte soutenue par d'énormes piliers. En entrant dans une salle voûtée, dont les retombées sont magnifiques, qui sert actuellement de réfectoire aux pensionnaires de l'établissement, il s'élève un véritable tohu-bohu : ces malheureux insensés nous font des menaces et veulent nous faire un mauvais parti ; mais nous prenons la poudre d'escampette, après avoir prudemment refermé les portes.

L'heure s'avance et il est temps de regagner la gare. J'ai dit plus haut que le Loir, divisé en plusieurs bras, traversait la ville. Je remarque que cette rivière roule des eaux noirâtres sur un fond bourbeux. Les murailles qui entouraient autrefois la ville sont en partie détruites et il n'existe plus que deux portes, celles de Saint-Michel et de Saint-Roch, sur les cinq qui étaient percées dans l'enceinte de cette ville fortifiée.

Le train nous transporte rapidement à Châteaudun. La voie ferrée longe pendant quelques instants la voie romaine qui allait de Tours à Chartres, passant par Châteaudun. Je dois rappeler que les environs sont dotés de nombreux monuments druidiques. L'aspect du paysage est bien plus agréable que celui parcouru dans la matinée. Le cours sinueux du Loir se dessine par une très jolie rangée de peupliers et d'autres arbres revêtus de leur parure printanière, puis auprès de Marboué la voie ferrée traverse cette rivière qui arrose, quelques kilomètres plus loin, la partie basse de la ville de Châteaudun, fièrement campée sur un rocher d'une certaine élévation.

La Société Archéologique Dunoise, présidée par M. Leussac, vient nous recevoir à la gare, puis les membres des deux Sociétés fraternisent et gravissent de compagnie la colline sur laquelle est bâtie l'antique *Castello-Dunum* (1).

Il y a une trentaine d'années, des habitants de cette ville se rappellent avec effroi les tristes événements de la guerre franco-allemande et l'héroïque défense des gardes-nationaux de l'endroit. Le 18 octobre 1870, le général allemand de Wittich, à la tête d'un corps de douze mille hommes, pensait s'emparer de Châteaudun, sans coup férir, car cette ville n'était défendue que par sept à huit cents francs-tireurs, commandés par Testanières et par le comte de Lipowski. Après un terrible bombardement, les Allemands voulurent pénétrer en ville, mais les gardes-nationaux secondés par les habitants se retranchèrent derrière des barricades, faites à la hâte, et firent éprouver des pertes immenses à l'ennemi. Deux mille soldats furent mis hors de combat. Cependant, vers huit heures du soir, les défenseurs de la barricade située rue de Chartres, écrasés par le nombre, durent céder le passage. Les Prussiens arrivent en colonnes serrées sur la place principale de la ville, mais ils sont obligés de rebrousser chemin, attendu que les héroïques défenseurs de la place se jettent avec fureur sur les envahisseurs. Mais, hélas ! quelques heures après, des renforts considérables réduisent au silence les martyrs de la défense nationale. Deux cent vingt-cinq maisons sont détruites par l'incendie et une centaine d'habitants furent emmenés en captivité.

J'ai appris dernièrement la mort d'une héroïne, Mlle Amanda Pelouet, décédée à l'âge de 73 ans. Aussitôt le bombardement commencé, on la voit partout, sans souci du danger, à l'hôpital, à l'asile des vieillards et aux ambulances. Quand la ville n'est plus qu'une immense fournaise, Mlle Pelouet se montre sur les barricades, dans les caves, enlève les mourants et ranime les asphyxiés. Pendant cinq jours elle veille au chevet

(1) Dun veut dire colline, en langue celtique.

des blessés. Beaucoup de francs-tireurs et d'Allemands lui doivent la vie. Quelques jours après elle établit une ambulance à Mondoubleau. Quatre habitants, faits prisonniers de guerre, allaient être fusillés : Mlle Pelouet écrit à l'Empereur d'Allemagne et obtint leur grâce. Les obsèques de cette femme courageuse ont eu lieu le 3 octobre 1901 à l'église de Saint-Valérien de Châteaudun.

Les *Dunois* nous font voir les traces des boulets prussiens qui ont troué plusieurs murs dans différentes parties de la ville. La plus grande partie des habitations incendiées à l'aide de pétrole, par les hordes allemandes, ont été reconstruites. Le monument de Mercié occupe le centre du Mail, promenade très agréable, actuellement encombrée par un grand nombre de baraques foraines. Vue splendide sur les bords du Loir.

Le Musée se trouve situé à proximité du Mail. Depuis quelques années, il a été transféré dans un local nouvellement bâti. L'époque avant l'ère chrétienne est représentée par un grand nombre de silex et autres objets qui appartiennent au temps pendant lequel les Carnutes exerçaient leur puissance dans cette contrée ; superbes plaques de cheminée portant l'écusson de France. Je dois dire, pour être impartial, que la collection des tableaux laisse tant soit peu à désirer. Cependant il faut citer celui attribué à Raphaël d'Urbin, peint en 1518, représentant un saint Georges et dédié à Charles-Quint (1). Dans une autre salle, j'ai remarqué deux statuettes en bronze doré, *Le Renard et la Cigogne*, posées sur une cheminée. Un petit jardin est attenant au Musée et ce terrain renferme quelques motifs de monuments druidiques. Je ne puis laisser ce lieu destiné à l'étude des savants dunois, sans mentionner la splendide collection ornithologique réunie par M. Tarragon.

Les horloges sonnent midi ; il est temps de prendre des forces, c'est-à-dire que l'heure du déjeuner commence à se faire sentir. On se dirige vers l'hôtel Chantelon, local dans lequel est dressée une table de cent et quelques couverts. Je

---

(1) *Quarré-Reybourbon*, p. 28.

n'ai point à faire des compliments à ce parcimonieux maître d'hôtel, parce que le repas était peu copieux et je présume qu'il a appris l'art culinaire à Sparte.

L'histoire de Châteaudun étant reliée à son château, je ferai un court résumé des faits mémorables qui ont illustré la cité dunoise, avant de pénétrer dans l'enclos de ce domaine qui fut jadis princier.

Ancien *Oppidum* des Carnutes, *Dunum* acquit une certaine importance sous les rois de la première race et porta longtemps le nom de *Ville-Claire*. Un évêché fut établi au Xe siècle ; par suite des intrigues de Papoul (Papulus), évêque de Chartres, il fut supprimé en 573 par Gontran, prince héréditaire d'Orléans. Les comtes du Perche possédèrent Châteaudun au XIe siècle et la relevèrent de ses ruines, attendu que cette ville avait été détruite en 875 par les Normands.

Thibaut le Tricheur, comte de Châteaudun, fit bâtir un donjon dans l'enceinte du *Castrum*, vers 950. Au XIIe siècle, le comte de Dunois étant en guerre avec Sulpice d'Amboise, celui-ci fut fait prisonnier et renfermé dans cette forteresse 1153 (1). En 1439, le roi Charles VIII donna au bâtard d'Orléans le comté de Dunois, pour le récompenser de ses brillants états de service, parce qu'il aida Jeanne d'Arc dans ses opérations militaires, c'est-à-dire à chasser les Anglais de cette partie de la France. Jean, devenu plus tard connétable, prit alors le nom de comte de Dunois. Châteaudun fut la seule ville de la rive droite de la Loire qui ne fût pas soumise aux Anglais pendant la malheureuse guerre de Cent Ans. Le 20 juin 1722, un terrible incendie éclata dans le faubourg Saint-Valérien et détruisit huit cents maisons, cinq édifices publics, plus trois églises. Le sinistre dura huit jours. Louis XV donna des subsides considérables et exempta les habitants de tout impôt, pendant dix ans. L'architecte Jules-Michel Hardouin rebâtit Châteaudun sur un plan régulier ; les rues furent tirées au cordeau et les principales voies publiques convergent à une grande place, point central de la cité.

---

(1) *Quarré-Reybourbon*, p. 28.

Vers une heure de l'après-midi, la compagnie fait son entrée dans la cour d'honneur du château. Cette demeure jadis somptueuse figurait sur la liste des monuments historiques, mais, faute d'entretien, ce palais a été déclassé depuis quelques années. Un magnifique dallage orne la cour d'entrée. Je constate avec peine que ce magnifique revêtement disparaît sous les herbes et sous les ronces, parce que l'ancienne demeure des comtes de Dunois, n'est pas habitée depuis un certain temps.

Une tour, appelée improprement donjon de Thibault le Tricheur, domine l'édifice. De forme arrondie, elle paraît avoir été bâtie dans la seconde moitié du XIIe siècle. Cette partie, la plus élevée du château, est couverte d'un toit conique.

La charpente date du XVIIIe siècle (1). Je ne m'arrête pas à l'inscription, relativement moderne qui relate que le donjon remonte à Thibault le Tricheur, surnommé aussi le Vieux. Le célèbre Dunois fit faire des réparations au XIIe siècle, puis, François II de Longueville les continua au commencement du siècle suivant. Le splendide escalier Renaissance, qui donne sur la cour, est d'une finesse rare à cause de ses délicates sculptures ; il a été construit par ce dernier seigneur. Les cuisines ont encore conservé leurs proportions monumentales. Une vaste salle qui a été sans doute occupée jadis par les gardes, mais qui était, d'après la tradition, destinée au seigneur suzerain, chargé de juger les querelles des vilains. Pendant la Terreur, cette pièce servit de tribunal révolutionnaire. Le premier et le second étages, sont dans un état de délabrement indescriptible. Je crois qu'il n'y a pas une seule pièce meublée. Je dois rappeler pour mémoire que Michel de Marillac, garde des sceaux sous Louis XIII, fut emprisonné dans ce château en 1670, après la *Journée des dupes*, et qu'il y mourut, après deux ans de captivité.

La sainte Chapelle, magnifique spécimen de l'art du XVe siècle, a été bâtie de 1446 à 1465, par le connétable Dunois (2).

---

(1) *Guide indicateur.*
(2) En 1843, les anciens bâtiments du chapitre et les restes du cloître ont été démolis. (*Grande Encyclopédie.*)

Plus tard, ce monument fut relié au château des ducs de Longueville (1480) par l'initiative d'Agnès de Savoie, épouse de François II. Colas Picanet, maître maçon aurait été l'architecte du clocher, vers 1493 (1). Divisée en deux étages, cette chapelle est dotée de deux oratoires latéraux. Celui de droite est décoré d'une très jolie fresque du XVe siècle, représentant le *Jugement dernier*. En 1870, les statues des saints servaient de cible aux Allemands. La statue en pied du fondateur du monument — je veux dire Jean Dunois — a été conservée. M. Merlet dit que cette pièce artistique peut être considérée comme authentique.

Pendant la Révolution, la sainte Chapelle a été dévalisée, puis en 1814 elle servit de dépôt aux prisonniers de guerre. Les Prussiens emportèrent les vitraux. Plus tard, ce saint lieu devint une loge maçonnique. Louée à un restaurateur de la ville, elle servit de salle de festins pour les noces, puis les ducs de Luynes, possesseurs du château (2), firent exécuter des réparations importantes par l'architecte Debacq, le peintre Steinheil et le sculpteur Gaulier. Pendant l'invasion allemande, cette magnifique chapelle servit d'écurie, après avoir été occupée pendant le mois d'octobre 1870, par un corps de francs-tireurs parisiens et nantais.

La partie du nord, c'est-à-dire celle qui domine le Loir, a été bâtie au XVIe siècle ; elle consiste au-dessus du mur de soutènement en deux rangées de fenêtres à meneaux. A la naissance de la toiture, il y a un chemin de ronde, orné de distance en distance de petites tourelles qui servaient aux guetteurs. Un passage, situé près du donjon, permet d'admirer cette partie du château et mène à une terrasse élevée à plus de soixante mètres au-dessus de la rivière, qui coule paisiblement entre deux collines. Ce riant panorama est tapissé de vignes, de gazons et de vergers. Depuis que je fais partie des Congrès et que je suis les excursions de la Société, je ne me souviens pas d'avoir admiré un vallon aussi pittoresque.

---

(1) *Guide indicateur.*
(2) La famille de Luynes est propriétaire de ce domaine depuis 1691, par suite du mariage de Marie d'Orléans, fille du dernier duc de Longueville, avec Louis Henri de Bourbon.

Quelques maisons des XVᵉ et XVIᵉ siècles se montrent dans le voisinage du château.

L'église de la Madeleine est aussi remarquable. C'est un des plus anciens édifices de la ville. Dans l'origine, vers le Xᵉ siècle, Sainte-Marie-Madeleine était pourvue d'un chapitre de clercs séculiers, puis elle devint la chapelle particulière des comtes de Châteaudun. En 1130, l'église fut rebâtie par les chanoines de Saint-Augustin, sauf l'abside qui s'écroula sous l'affaissement des voûtes en 1521 ; elle fut reconstruite en 1529.

Une vaste crypte, du XIIᵉ siècle, se trouvait autrefois sous les bas-côtés et sous le rond-point de l'abside, mais elle fut comblée par suite des nouvelles constructions faites au XVIᵉ siècle. En 1887, on continua les travaux destinés à déblayer cette abside, qui avaient été suspendus depuis près de deux cents ans (1). Une seule nef, voûtée en bois, à charpente apparente, restaurée en 1893, compose l'édifice ; au nord, double collatéral, mais il n'en est pas de même du côté du midi, qui ne comporte qu'un seul bas-côté. Le chœur, tourné vers l'orient, rappelle l'architecture du XVIᵉ siècle. Les battants de la porte sont de la même époque. Les stalles, très remarquables, proviennent de la Sainte-Chapelle et datent du siècle précédent. Il y a lieu aussi de noter deux bas-reliefs du XVIIIᵉ siècle. Le portail méridional, qui disparaissait sous un amas de décombres, a été débarrassé en 1885. Il date du XIIᵉ siècle d'après l'indication des sculptures qui représentent des animaux fantastiques, puis trois femmes, un chevalier et un évêque. Les sculptures se trouvent dans l'archivolte et la voussure. Treize statues en pied étaient placées à l'entrée du portail septentrional, mais elles ont été détruites pendant la Révolution.

Les bâtiments de l'abbaye ont été incendiés au XVᵉ siècle et rebâtis quelques années après. L'hospice, le tribunal et la sous-préfecture ont été établis dans cet enclos, qui appartenait avant 1793 à une communauté de Pères de Saint-Augustin. Cette abbaye rapportait 3.000 livres (2).

(1) *Guide indicateur*.
(2) Laurent Echard.

Les deux autres églises sont Saint-Jean (XII° et XV° siècles) et Saint-Valérien (fin du XII°) avec flèche dentelée du XV°, malheureusement endommagée par les projectiles prussiens. A l'intérieur, superbes vitraux du XVI° et grande peinture murale représentant un sujet légendaire. Notre-Dame de Champdé, ancienne chapelle de la Renaissance, placée à l'entrée du cimetière et convertie en magasin à fourrages.

Les congressistes se réunissent sur la grande place, dont le point central est occupé par une fontaine moderne, genre Renaissance, mais de mauvais goût, puis on se rend à la gare pour regagner Bonneval et Chartres. Je dois dire, en terminant ce chapitre, que notre Société a été ravie de l'accueil fait par les Dunois. D'après un ancien dicton : « Il est de Châteaudun, il entend à demi-mot. »

VI

Excursion a Dreux et au chateau d'Anet.

Dimanche 1ᵉʳ juillet.

Aujourd'hui dimanche, journée de repos pour les congressistes, aucune excursion officielle n'est inscrite au programme. Cependant, j'ai formé le projet, avec un de mes honorables collègues — M. le comte d'O... — d'aller visiter la ville de Dreux et le château d'Anet.

Malgré la pluie, nous laissons, à huit heures du matin, la gare de Chartres, pour prendre la ligne de Rouen. Le pays que nous traversons, est moins uniforme que celui que nous avons parcouru hier en nous rendant à Bonneval. La Beauce s'arrête à Seresville, puis la voie ferrée s'engage à travers quelques bouquets de bois, arrosés par de maigres ruisseaux, affluents de l'Eure. Après un parcours de quarante-trois kilomètres, on arrive à Dreux, chef-lieu d'arrondissement d'Eure-et-Loir, arrosé par la Blaise.

Ce cours d'eau prend sa source dans la forêt de Senouches, située sur la limite du département de l'Orne, puis il déverse son contingent dans l'Eure, en aval de Dreux. Une source considérable, nommée l'Abime, donne à la Blaise, suivant les saisons, un débit de 402 à 611 mètres cubes, par seconde (1).

Vers neuf heures, nous arrivons en gare de Dreux, mais, avant de pénétrer dans cette ville, je résumerai en quelques lignes l'historique de cette cité, autrefois habitée par les *Durocasses*, tribu gauloise, vaincue par César. Les anciennes chroniques ne font mention de Dreux qu'à partir du commencement du XI° siècle, parce que le comte de Dreux, avait droit de battre monnaie. Je passerai légèrement sur la querelle survenue entre Richard, duc de Normandie, et Eudes, comte de Chartres. Robert le Pieux réconcilia les deux adversaires, en donnant le comté au duc de Normandie et la ville de Dreux au comte de Chartres. En 1135, le comté et la ville furent réunis à la couronne et donnés en apanage à Robert Ier, fils de Louis le Gros. En 1159, la ville bénéficia d'une charte de commune donnée par Robert Ier, qui mourut en 1188. Les troupes de Henri II, roi d'Angleterre, prirent la même année cette ville et l'incendièrent. Mais, elle fut reprise peu de temps après, par Philippe-Auguste. En 1365, faute d'héritier mâle, le comté passa entre les mains de la puissante maison de Thouars, puis en 1378, Charles V, roi de France, la remit de nouveau à la couronne. En 1407, il fut donné en accroissement d'apanage à Louis d'Orléans, mais, celui-ci ayant été tué quelques mois après, ce territoire fut concédé par le roi Charles VI à Charles Ier d'Albert. Les Anglais furent maîtres du pays en 1418, mais après leur expulsion du pays, en 1441, Charles VII en fit présent au connétable Stuart, qui le remit à Charles II d'Albret. Après sa mort, survenue en 1471, Alain le Grand, son petit-fils, chassa son oncle de la ville et s'empara de ses biens. Sur ces entrefaites, un long procès surgit entre les maisons d'Albret et de Nevers, mais le Procureur général au Parlement de Paris revendiqua, au nom du roi, le comté en litige, qui fut encore une fois attribué à la couronne, jusqu'en 1559, époque à laquelle il fit partie du douaire de Catherine de Médicis. Dix ans après, ce domaine

---

(1) Vivier Saint-Martin, *Dictionnaire géographique*.

fut érigé en duché-pairie, en faveur de son cinquième fils, François, duc d'Alençon, décédé en 1584.

Le 19 décembre 1562, une sanglante bataille se livra sous les murs de Dreux, entre protestants et catholiques. Les premiers, qui étaient maîtres d'Orléans, résolurent de se rendre en Normandie, afin de rejoindre l'armée envoyée par Elisabeth, reine d'Angleterre. L'armée catholique alla au devant du corps d'armée, commandé par le prince de Condé. Celle-ci remporta d'abord tous les avantages : le Connétable de Montmorency fut fait prisonnier et le maréchal de Saint-André fut tué pendant le combat. Il paraîtrait que Catherine de Médicis aurait prononcé ces paroles, en apprenant que l'armée catholique prenait la fuite : « Eh bien, nous prierons Dieu en français » (1). Les succès des huguenots furent de courte durée. Le duc de Guise rallia ses troupes et fut assez heureux pour capturer Condé. Je lis, dans l'ouvrage cité plus haut, que la nuit suivante les deux rivaux furent obligés de partager le même lit et dormirent tranquillement l'un à côté de l'autre. Après cet échec, les protestants battirent en retraite vers le Berry. Le clergé de Dreux organisait autrefois une procession, le 19 décembre, chaque année, en souvenir de cet événement.

Henri IV emporta cette ville d'assaut, en juin 1592, parce qu'elle s'était déclarée pour la Ligue. Le siège dura dix-huit jours ; la résistance des assiégés fut opiniâtre et la famine fut si horrible que les malheureux habitants repoussés des deux côtés, je veux dire par la garnison et par les assiégeants, mouraient dans les fossés de la ville. Le roi de Navarre fut touché de leur détresse et donna à chaque habitant un écu avec la liberté de se retirer où il voudrait. Le vainqueur d'Ivry fit raser les fortifications de Dreux et à partir de cette époque, cette ville, déchue de son importance, ne joue qu'un rôle effacé jusqu'à la Révolution. Louis XV réunit à la couronne ce fief qui avait appartenu à la maison de Nemours, puis il passa à la famille d'Orléans qui possède encore aujourd'hui le château et ses dépendances.

(1) *Histoire des Environs de Paris,* par de Gaulle, t. v, p. 311.

A la sortie de la gare, une belle avenue mène à la place Métézeau, nommée ainsi en souvenir de la dynastie des maîtres-d'œuvres de ce nom qui furent les Gabriel de l'endroit. Six membres de cette famille, du XVIe au XVIIIe siècle, ont bâti des monuments qui ont une grande valeur architecturale. Je citerai seulement Clément II, qui fut le constructeur de la digue de la Rochelle, en 1627 et qui donna les plans de plusieurs châteaux en Poitou et en Orléanais, ainsi que celui de l'Oratoire de Paris (1650).

Une colline domine la ville. Au sommet de ce monticule, une forme blanche se détache à l'horizon, dans ce moment obscurci par un nuage noir de mauvais augure. En approchant, je distingue une église en forme de rotonde, c'est la chapelle sépulcrale de la famille d'Orléans. J'en ferai la description dans quelques minutes, parce que notre but est d'aller visiter cet édifice.

L'église paroissiale, placée sous le vocable de saint Pierre, a été remaniée à différentes époques. Cependant le style ogival domine. Quelques parties datent du XIIIe siècle, telles que le portail et le bras nord du transept, ainsi que le chœur, les voûtes et les colonnes écrasées qui séparent les chapelles. La grande nef, les chapelles et le pourtour du chœur appartiennent au XVIe. Le portail ouest, type ogival, a été bâti sous la direction de Clément Métézeau. Les deux tours placées au-dessus du portail sont d'inégale hauteur et restées inachevées. Je constate dans l'intérieur un splendide bénitier roman et de belles verrières de la Renaissance restaurées récemment, et un remarquable buffet d'orgue du XVIIe siècle, exécuté d'après un dessin de C. Métézeau (1614).

L'hôtel-de-ville a été bâti de 1502 à 1537, sous la direction de Métézeau (Clément Ier), dans le style de transition de l'ogival et de la Renaissance. Belle façade avec deux tourelles placées aux angles. La porte, les fenêtres et les lucarnes sont pourvues d'agréables arcatures et de gracieuses sculptures.

Je m'achemine, en compagnie de mon compagnon de voyage, vers la chapelle Royale ou Saint-Louis, située sur la crête du coteau, placé au-dessus de la ville. Après avoir gravi, pendant quelques minutes une ruelle, dont la pente est fort rapide, nous entrons dans la propriété des princes d'Orléans, Un jardin, ouvert au public, mène par une allée en lacets, jusqu'à ladite chapelle construite en forme ronde avec un toit en coupole. Ce monument funéraire a été commencé en 1816, par la duchesse douarière d'Orléans, fille et unique héritière du duc de Bourbon-Penthièvre, qui était propriétaire des restes du château de Dreux. Louis-Philippe, son fils, continua les travaux qui étaient à peu près terminés à l'époque de la Révolution de 1848. Un square, fermé par une grille, entoure l'édifice, puis des reverbères de grande dimension portant les armes de la branche cadette de France. La vue est très étendue sur toute la ville et sur les environs.

Cette nécropole a été construite sur l'emplacement d'une église bâtie sous le règne de Childebert et qui servait de chapelle aux comtes de Dreux. La forteresse, démantelée sous Henri IV, formait la limite entre le domaine de la couronne et la Normandie. La décoration de cette chapelle, vue de l'extérieur, est très riche. Le portail, style gothique, est flanqué de deux tourelles ajourées. *L'Ange de la Résurrection* est une sculpture délicieuse, ainsi que *le Père Eternel, l'Ecce Homo, saint Louis sous le chêne de Vincennes*, etc., etc. La rotonde est haute de vingt-cinq mètres, tandis que la coupole possède treize mètres de diamètre. Des balustrades au nombre de quatre sont placées à chaque étage et le sommet du dôme est terminé par une très jolie croix. Il y a quelques années, des modifications ont été ajoutées, je veux dire une nef, une chapelle absidiale et un transept, mais qui ne nuisent pas à la bonne harmonie de la construction primitive. Un perron de douze marches précède l'entrée.

Je ferai dans quelques instants la description de l'intérieur, attendu que nous arrivons précisément au moment de la grand'messe. Les chantres entonnent les psaumes du service divin. Le maître-autel, richement orné, se trouve situé à l'extrémité orientale de la coupole. Les chants sont extrêmement agréables. Je remarque qu'un chapelain, plus que sexagénaire, est doué d'une voix admirable et, malgré son grand âge, il module et vocalise des sons d'une pureté admirable.

Le suisse porte la livrée de deuil, à cause de la mort récente du prince de Joinville (1).

L'office étant terminé, je parcours l'intérieur de la nécropole en compagnie de M. d'O... Stalles magnifiques en chêne sculpté, très beau buffet d'orgues, placé au-dessus de la porte d'entrée. J'ai pu, pendant l'office, apprécier la puissance de ces orgues et l'habileté de l'artiste. Vitraux artistiques modernes mais admirables. A gauche du transept, portraits de saints auxquels les artistes ont reproduit les figures des membres de la famille d'Orléans. Je ne puis m'empêcher de sourire, en regardant saint Philippe sous les traits du roi des Français, avec une barbe à la mode de 1830 (2). Parmi le autres verrières, je signale *Jésus mort sur la croix* et *sainte Adélaïde distribuant des aumônes*, d'après Larivière. A droite, *Jésus au jardin des Oliviers* et *saint Arnould lavant les pieds aux pèlerins*. La coupole était autrefois ornée d'un très beau vitrail, *La descente du Saint-Esprit*, d'après Larivière (1855). J'apprends par mon collègue que cet objet d'art a été brisé en 1870, par suite de la triste histoire que je vais essayer de raconter.

La ville de Dreux, pendant l'année terrible, était défendue par un régiment de mobiles et menacée d'être cernée par les Prussiens. Le colonel de B..., parent de mon honorable confrère, avait choisi comme poste d'observation le sommet de la chapelle, afin de surveiller les évolutions de l'ennemi. Mais, par suite d'un faux mouvement, le malheureux officier trébucha puis tomba dans la partie concave du Dôme; en brisant le vitrail, puis vint s'abattre sur le dallage de la chapelle après avoir renversé le lutrin, placé sous la coupole. Quand on vint au secours du colonel, il avait cessé de vivre et son corps n'offrait plus qu'un amas de chairs déchiquetées.

Le gardien nous fait visiter les tombeaux. Un escalier, situé derrière l'autel, nous mène à la crypte dans laquelle il y a plusieurs statues en marbre, placées sur chaque sépulture. Les deux premières sont deux jeunes enfants, le duc de Penthièvre et la princesse de Montpensier, œuvres de Pradier.

(1) Décédé le 16 juin 1900.
(2) Les dessins des douze saints et saintes sont d'après Ingres.

Le monument de Louis-Philippe et de la reine Amélie, par Mercier. Le roi est représenté debout, tandis que son angélique compagne, qui a préféré sacrifier son trône pour éviter l'effusion du sang, est agenouillée. Sa physionomie offre une expression de douceur que je ne puis transcrire. Le tombeau de leur fille, la princesse Marie, princesse de Wurtemberg, décédée en 1839, se trouve à droite. La statue a été faite par H. Lemaire, puis j'admire l'*Ange de la Résignation*, sculpture remarquable due au ciseau délicat de cette artiste renommée (1). Dans le fond du transept, monument funéraire de l'infortuné duc d'Orléans, mort en 1842 ; statue par Loison, d'après Ary Scheffer. Le prince donne la main à son épouse Hélène de Mecklimbourg-Schwerin, décédée en 1858 ; la statue a été faite par Chapu (2) La fondatrice de la chapelle, la duchesse douairière d'Orléans, morte en 1821, est représentée par une délicieuse statue de Baru, fils. La mère de Louis-Philippe est endormie dans la paix du Seigneur, la pose est à tout à fait gracieuse. Le monument funéraire de la princesse de Salerne, belle-mère du duc d'Aumale, décédée en 1881, est orné d'une statue de A. Lenoir. A gauche de l'autel, sépulture de la princesse Adélaïde, sœur de Louis-Philippe, décédée en 1847, statue de A. Millet (1877). Deux amours d'enfants, marquant la place où sont déposés les restes des jeunes fils du prince de Montpensier, sont aussi l'œuvre de Millet, puis un groupe exquis, par Francesqui, est exécuté sur la tombe de deux enfants du comte de Paris. La duchesse d'Aumale par A. Lenoir ; le tombeau de son mari (qui est achevé) n'est pas encore placé, parce que le monument du duc se trouve actuellement à l'Exposition universelle. Le duc de Nemours, sur son lit de mort, en uniforme de général de division, tient un crucifix sur la poitrine ; la ressemblance avec son ancêtre Henri IV est frappante. J'ignore le nom de l'auteur de cette œuvre de grand mérite.

Les cryptes, placées sous la coupole et sous le sanctuaire, méritent d'être signalées à cause de leurs vitraux, peints par

(1) Je veux parler de la princesse Marie d'Orléans.
(2) La princesse Hélène, qui était luthérienne, a été enterrée dans une annexe, située au dehors de la nécropole.

Rouget, Jacquart, E. Delacroix, C. Waltier, H. Vernet, Bouton et H. Flandrin. Scènes de la vie de saint Louis (1). Il ne faut pas oublier les cinq verrières qui se trouvent dans les couloirs du bas. *Scènes de la Passion*, d'après Larivière, *Le Chemin de la Croix, la Flagellation, le Baiser de Judas, la Mort du Christ* et *la Résurrection*. La manufacture de Sèvres a reproduit toutes ces merveilles. Je veux parler des vitraux.

Après notre visite à la chapelle funéraire destinée à abriter les précieuses dépouilles de nos illustres princes, nous descendons en ville, puis nous nous rendons à l'hôtel de France afin de nous restaurer. Je ne fais point de réclame en faveur de cette hôtellerie, mais je décerne au gérant un bon certificat de table-d'hôte, abondamment pourvue de victuaille.

Une voiture de louage doit nous conduire à Anet, chef-lieu de canton de l'arrondissement de Dreux. La distance est à peu près de douze kilomètres. A la sortie de la ville, on suit le cours de la Blaise, divisée en plusieurs canaux d'irrigation qui servent au fonctionnement d'un certain nombre d'usines. C'est aujourd'hui dimanche et nous constatons sur le bord de ce clair ruisseau plusieurs jeunes couples, filant le parfait amour dans ce petit coin de verdure.

La voie de terre traverse la ligne de Paris à Granville, puis on passe à côté de Montreuil, petite commune sur le territoire de laquelle il existe un aqueduc de trente arches, destiné au canal des eaux de l'Avre, qui se dirigent vers Paris. Quelques centaines de mètres plus loin, le paysage devient accidenté, puis on gravit une rampe très rapide, en forme de lacets. Nous entrons dans la forêt de Dreux, appartenant aux princes d'Orléans, composée en majeure partie de bois taillis. Un pavillon est placé au centre de cette grande étendue de terrain couverte de bois et sert de rendez-vous de chasse. A la sortie de la forêt, nous apercevons, dans la brume, les premières maisons d'Anet, petite ville située dans la vallée de l'Eure.

Notre automédon nous mène directement devant la porte d'entrée du château. J'apprends, par un habitant de la localité,

---

(1) Louis IX au pont de Taillebourg. Le pieux monarque part pour la première et la seconde croisade, la bataille de Damiette et la mort de Saint-Louis.

que le propriétaire étant absent, l'entrée de l'ancienne demeure de Diane de Poitiers est impitoyablement fermée aux visiteurs. Cependant, je ne me tiens pas pour battu, je rencontre Mme Mouchette, la concierge de céans et j'avoue que j'ai été si insinuant, après avoir décliné mes titres et qualités, membre de la Société d'Archéologie, collaborateur de plusieurs revues françaises et étrangères et descendant en droite ligne d'un procureur du roi en cour d'église. Ce dernier mot a produit son effet et je puis dire, comme dans les contes arabes, il a été comme dans le *Sésame ouvre-toi*.

Avant de faire la description détaillée de cette demeure autrefois quasi-royale, mais bien déchue de son importance depuis le XVI° siècle, je résumerai rapidement l'histoire de ce fief féodal. La forteresse était destinée à défendre le passage de la rivière d'Eure, contre les troupes envahissantes. Une charte de 1159 signale l'existence d'Anet, Robert, qui vivait en 1163. Les restes du château primitif se voyaient encore au commencement du XVIII° siècle, mais tout a disparu. Vers le milieu du XII°, nous retrouvons Simon d'Anet, comme possesseur du château. Un historien de Chartres nous apprend que les moines de Saint-Pierre de Chartres affermèrent à Philippe-Auguste, leurs moulins d'Anet, moyennant six livres parisis de cens par an, somme payable le jour de la fête de Saint-Rémi. Par ce contrat, le roi s'engageait à verser cinq sous d'amende, par jour de retard. L'acte a été fait à Anet, en 1195, et porte le grand sceau du roi. Philippe, comte de Dreux, frère de Philippe Le Bel, possédait le châtellenie d'Anet en 1318. Le fourbe roi de Navarre — je veux dire Charles le Mauvais — qui était aussi comte d'Evreux, fit fortifier ce château en 1340, mais Charles V le confisqua en 1378. Charles VII donna, en 1444, le fief d'Anet à Pierre de Brézé, qui avait chassé les Anglais de la Normandie. Son petit-fils, Louis de Brézé, grand sénéchal de Normandie, épousa en secondes noces (1514), Diane de Poitiers, âgée de quinze ans, fille de Jean de Poitiers, seigneur de Saint-Vallier. En 1523, le comte de Saint-Vallier, compromis dans le complot tramé par le connétable de Bourbon, qui avait conspiré contre François Ier, fut condamné à la peine de mort. Mais il reçut sa grâce au pied de l'échafaud, par suite des supplications de la duchesse de Brézé. Quelques historiens ont prétendu que ce pardon avait été accordé à la suite d'une intrigue amoureuse, attendu que le Père des Lettres n'était pas insensible aux séductions du beau sexe, mais il est parfaitement prouvé que cette accusation est erronée, car le roi ne connaissait pas à cette époque l'épouse du sénéchal de Normandie, qui avait révélé à François Ier, les agissements de son parent Charles de Bourbon. Jean de Poitiers eut sa peine commuée en celle de la prison perpétuelle, cependant il fut réhabilité en 1527.

Louis de Brézé mourut en 1531. Sa veuve, devenue dans la suite duchesse de Valentinois, mais plus connue sous le nom de Diane de Poitiers, se retira dans son château d'Anet. De 1545 à 1547, elle agrandit considérablement son domaine, en achetant une grande étendue de terrains, situés dans les environs. En 1535, le château fut commencé et fut achevé vers 1554. Celle qui fut la maîtresse, ou plus exactement surnommée par les chroniqueurs du temps, *la bonne fée* de Henri II, employa Philibert Delorme, architecte royal, pour la décoration de cette demeure princière, qui devint une construction des mieux réussies de l'époque de la Renaissance. Jean Goujon exécuta les sculptures principales et Jean Cousin a peint les vitraux. Le reste était à l'avenant, c'est-à-dire tout ce que la méthode artistique unie à la gracieuseté ont pu produire de plus agréable.

La porte d'entrée était, dans l'origine, précédée d'un pont-levis, jeté sur un large fossé. Cette porte est monumentale, ornée des chiffres D H — Diane et Henri — trophées de chasse, etc., etc. Les meurtrières, destinées autrefois à la défense du château, se voient encore dans l'épaisseur des murs. Le nom de la maîtresse du lieu s'accordait à merveille avec la mythologie. L'arc triomphal, qui forme l'entrée principale, est décorée de quatre colonnes ioniques. Une Diane chasseresse, en bronze, se repose sur des peaux d'animaux, entourée de lions, de biches et de loups. La déesse passe gracieusement son bras autour du cou d'un cerf. Dans l'attique, il y a un autre cerf, également en bronze, accompagné de quatre chiens, avec une horloge fort curieuse (1). Ce cerf frappait de son pied droit les heures et les chiens, par un mécanisme ingénieux, aboyaient aux demi-heures ; un cadran marquait les heures, les mois, les signes du zodiaque et l'âge de la lune.

J'ai pu me procurer une ancienne gravure du château d'Anet, d'après Androuet du Cerceau. Je constate que l'entrée principale a été très bien restaurée par le précédent propriétaire, M. le comte de Caraman. Le bas-relief en bronze de Benvenuto Cellini, qui représente Diane, se trouve actuellement au Musée de la sculpture moderne, après avoir figuré au Louvre en 1806, ainsi que la fontaine en marbre blanc, chef-d'œuvre de Jean Goujon. Une excellente reproduction de cette œuvre artistique a été placée dans le tympan encadré dans une riche archivolte. Le cerf et les quatre chiens ont été refaits et décorent le sommet du portail. D'autres pièces de grande valeur ont été sauvées par Alexandre Lenoir et se trouvent actuellement au Musée des arts modernes. Des galeries d'ordre dorique, surmontées de terrasses couronnées de balustrades à jour, entourent la cour principale.

Le plan primitif de ce somptueux château consistait dans un vaste corps de bâtiment qui formait une cour carrée avec deux ailes en retour d'équerre, privées d'ouvertures du côté de la porte d'entrée, mais pourvues à chaque extrémité de tourelles en encorbellement, décorées au sommet d'un gracieux lanternau. Le rez-de-chaussée était précédé d'un péristyle formé par trente-six colonnes d'ordre dorique. Au-dessus, un étage éclairé par d'immenses fenêtres à deux rangs de meneaux, puis une élégante toiture parée de lucarnes, portaient les chiffres enlacés de Diane de Poitiers et de Henri II. Au centre de la partie du palais, qui faisait face à la porte principale, l'entrée était formée par un corps de bâtiment flanqué d'un double rang de colonnes qui s'harmonisaient à merveille avec le reste de l'édifice. Dans une niche, il y avait une statue. Peut-être celle de Henri II ? Derrière le château, une vaste cour entourée de bâtiments qui ne comportaient qu'un rez-

---

(1) Aujourd'hui disparue.

de-chaussée, destinés sans doute au logement des ser-
viteurs et aux servitudes. Un pavillon carré était situé à
chaque extrémité de ladite cour. Le parc était, paraît-il,
de 250 arpents, soit une superficie d'un peu plus de 85 hec-
tares. L'île d'Amour et le labyrinthe ne sont plus qu'à l'état
de souvenir.

La partie qui existe encore servait autrefois de chancellerie
et se trouve située à gauche du portail. Le principal corps de
bâtiment et l'aile droite sont démolis à l'exception de la chapelle en forme de croix grecque, précédée de plusieurs colonnes formant galerie, puis le monument est couronné
d'une coupole, formée par des colonnettes corinthiennes. Les
deux tours carrées qui servent de clocher ont un aspect disgracieux (1). Dans l'intérieur, il y a lieu de faire mention de
magnifiques peintures du XVIe siècle et d'une splendide mo-
saïque. Les sculptures admirables, exécutées sous les voussures des archivoltes et sur les pendentifs, ont été faites par
Jean Goujon. Une porte d'escalier, qui conduit à la tribune,
est décorée des armes de France et de la duchesse de Valentinois.

L'autre chapelle qui renfermait le mausolée de Diane de
Poitiers, décédée en 1566, se trouve située derrière l'aile
gauche du château. La façade, style de la Renaissance, est
fort délabrée : quelques incrustations de marbre existent encore. L'intérieur n'offre rien d'intéressant. Le monument funèbre de Diane de Poitiers se trouve actuellement à Versailles. Sa beauté était surprenante, malgré ses soixante-six
ans. La chronique ajoute que la maîtresse de Henri II n'avait
jamais employé aucun artifice de toilette, pommade, eau
factice, etc., etc. (2).

Je ne puis, malgré mon insistance, visiter la partie habitée
du château, attendu que le propriétaire est absent. Mme Mouchette nous annonce, avec une gracieuse révérence, que les
ordres sont formels. Cela nous contrarie quelque peu, parce

(1) Les deux tours sont parfaitement reconnaissables dans le dessin
d'Androuet du Cerceau, 1576. La chapelle se trouve masquée par l'aile droite
du château.
(2) De Gaulle, t. V, p. 313.

que nous savons qu'un grand nombre d'objets artistiques se trouvent dans le logement du seigneur actuel.

Louise de Brézé, mariée à Claude de Lorraine, duc d'Aumale, hérita du château d'Anet, puis il échut à leur fils Charles, qui fut condamné à mort par le Parlement, pour avoir été un des chefs de la Ligue. L'arrêt qui avait ordonné la démolition du château ne fut point exécuté. Marie de Luxembourg, duchesse de Mercœur, en fit l'acquisition, puis il passa à son gendre. César de Vendôme, fils de Henri IV et de Gabrielle d'Estrées. Les premiers actes de vandalisme ont été, dit-on, commis par ce prince. La duchesse de Vendôme, la princesse de Condé, le duc et la duchesse du Maine et leur deux fils, le prince de Dombes et le comte d'Eu, furent successivement propriétaires de cette splendide résidence, qui après le décès du comte d'Eu, fut vendue à Louis XV, sous réserve d'usufruit. Louis XVI la céda au duc de Penthièvre. Après la mort de cet homme de bien (1793) qui consacra une partie de sa fortune, au soulagement des pauvres et qui fut, malgré son origine royale, maire de Vernon, le château d'Anet, fut décrété bien national et mis en adjudication.

Il est probable que les appartements ont été pillés pendant la Terreur, mais il serait injuste d'accuser la Révolution d'avoir détruit en partie le château du duc de Penthièvre — beau-père de Philippe Égalité —. En 1798, il n'avait encore subi aucune dévastation. A cette époque, ce domaine fut acheté par les banquiers Ramsden et Hérigogen, qui le revendirent à un nommé Demonti. Celui-ci, pour que la spéculation fut plus lucrative, fit démolir la partie centrale et l'aile droite puis brocanta les œuvres d'art, pièce à pièce. En 1804, le château allait disparaître complètement, quand les habitants de la ville d'Anet firent des menaces de mort au sieur Demonti. Ce triste personnage, pris de peur, fit suspendre l'œuvre de destruction. Quelques années après, la duchesse douairière d'Orléans racheta l'habitation seigneuriale qui avait appartenu à son honorable père. Le roi Louis-Philippe songea un instant à le faire rebâtir, mais le devis était si considérable qu'il le céda à M. Passy, receveur général de l'Eure. Ses héritiers le passèrent au comte de Caraman, qui l'acquit en

1840. Après vingt années de restaurations, il fut acheté par M. Ferdinand Moreau (1).

Notre visite au château terminée, nous reprenons notre voiture, pour nous rendre à l'église paroissiale, située à la sortie de la ville. C'est un monument remanié à différentes époques ; quelques restes des XIe et XVIe siècles. Dans l'intérieur, le maître-autel, du XVIIIe, mérite une mention, ainsi qu'une très jolie frise qui entoure l'édifice. Très beau banc-d'œuvre. Dans le cimetière, qui est contigu à l'église, il y a un petit souvenir, en mémoire de Diane de Poitiers, mais cela est tout à fait sans importance.

Nous rentrons à Dreux, par le même chemin, parce que le temps nous manque pour longer le cours de l'Eure, paysage, dit-on, ravissant. Quelques minutes après notre arrivée à la gare, nous prenons la ligne de Chartres, enchantés de notre journée passée sur les confins de la Normandie.

VII

Excursion a Auneau et a Etampes.

Lundi, 2 juillet.

La compagnie se trouve réunie à la gare de Chartres, vers sept heures, mais, par suite d'ordres et contre-ordres ordonnés par le chef de gare, nous éprouvons quelques minutes de retard. La Compagnie de l'Ouest a mis plusieurs voitures à notre disposition. Plusieurs gracieuses dames, qui appartiennent à l'Université, et la haute bourgeoisie de la ville font partie de l'excursion. Enfin, la locomotive siffle et nous laissons Chartres pour quelques heures.

La ligne d'Auneau contourne le chef-lieu du département d'Eure-et-Loir et passe sur la limite de ses faubourgs, pour parcourir la Beauce, pays plaisanté fort agréablement par

---

(1) Ce château appartient actuellement à Mme Vte Moreau et à son gendre M. le comte de Leusse.

Rabelais et La Fontaine. J'ai dit lors de notre excursion à Bonneval, ce que je pensais de cette riche campagne ensoleillée et je conduirai directement mes lecteurs à Auneau.

La plupart de mes collègues, descendent à cette station, pour visiter les restes du château et l'église. Quant à moi, je suis si fatigué que j'ai résolu de me rendre jusqu'à la gare principale, point terminus des chemins de fer de l'Etat. L'ancien château d'Auneau a appartenu à la famille de Joyeuse. Henri, après avoir été ligueur et combattu sur les champs de bataille, se fit capucin, puis, nommé maréchal de France par Henri IV, reprit l'habit monastique, sous le nom de Père Ange et mourut à Rivoli en 1608.

> Vicieux, pénitent, courtisan, solitaire,
> Il prit, quitta, reprit la cuirasse et la haire.

Pendant les guerres de religion, Auneau fut le théâtre de plusieurs luttes sanglantes entre les protestants et les troupes de Henri III. Le duc de Guise s'empara de la forteresse, fit prisonniers plus de deux mille mercenaires, qui étaient à la solde des disciples de Calvin (1587).

Après un arrêt d'une heure et demie à Auneau, le cortège des congressistes prend la route d'Etampes. Jusqu'à destination, ce tronçon de ligne appartient à la Compagnie d'Orléans. Nous n'avons point à nous louer du confortable des wagons, attendu qu'ils sont exigus, étroits et poussiéreux. Nul doute que les employés chargés de la visite des compartiments sont en congé. Enfin, on s'empile comme on peut dans ces traînages lilliputiens et on se met lentement en route. Je dois dire que cette partie du voyage est moins monotone que celle parcourue précédemment, parce que nous ne sommes plus en Beauce. On traverse un petit cours d'eau, appelé l'Aunay, affluent de la Voise. Après la station ds Sainville, nous entrons dans le département de Seine-et-Oise. Je remarque, en passant, le village de Saint-Hilaire, très heureusement situé sur la Challouette, petite rivière qui se réunit à la Juine, dans la ville d'Etampes. Nous entrons en gare à 9 heures et demie.

La première visite a été pour la tour de Guinette, située de l'autre côté de la ligne de Paris à Tours. On traverse la voie ferrée sur une passerelle, avant d'arriver à ce donjon, précieux reste de l'ancien château-fort, bâti au XII° siècle. Une très jolie promenade publique entoure ces imposantes ruines.

Robert le Pieux fut, dit-on, le fondateur de ce château formidable qui a soutenu plusieurs sièges et qui fut l'objet des convoitises des puissants seigneurs du voisinage. M. Viollet-Leduc donne à ce donjon une date qui ne pourrait être antérieure à 1150, ni postérieure à 1170. Le fils d'Hugues Capet vint à Étampes avec sa seconde femme Constance, et on raconte qu'à la suite d'un somptueux repas, auquel les pauvres avaient eu leur part, un mendiant s'étant glissé sous la table, déroba un bijou de grand prix attaché au genou du roi, puis détala au plus vite. La reine fit des reproches à son époux, pour n'avoir pas ordonné l'arrestation du voleur, mais le magnanime monarque répondit, avec un sourire, que le misérable qui avait dérobé cet objet précieux en avait plus besoin que lui. D'après les chroniqueurs du temps, le roi Robert aurait érigé en collégiale la chapelle du château et que lui-même, doué d'une belle voix, chantait volontiers au lutrin. Je dois ajouter que cette fantaisie n'était pas onéreuse pour le peuple. Plusieurs conciles eurent lieu aux XI° et XII° siècles, puis ce fut en 1147, époque à laquelle Louis le Jeune partit pour la Terre Sainte, que les hauts barons du domaine royal s'assemblèrent dans cette ville, afin de choisir Suger, abbé de Saint-Denis, comme premier ministre et régent du royaume, pendant l'absence du roi de France.

Philippe-Auguste se maria en 1193 à Ingeburge, sœur du roi de Danemark. Le roi de France éprouva de suite une telle aversion et un tel dégoût pour sa femme, que la chronique de l'époque attribue cet état de choses à quelque sortilège. Je passe sous silence son union passagère avec Agnès de Méranie, ainsi que ses démêlés avec l'autorité papale ; je rappelle seulement que Philippe-Auguste fit renfermer pendant onze ans Ingeburge dans le château d'Etampes. Le lieu de détention de la malheureuse reine devint dans la suite prison d'Etat.

Le château d'Etampes, après la mort de Philippe-Auguste (1223), passa successivement à Blanche de Castille, puis à Charles d'Evreux, frère de Philippe-le-Bel. En 1325, Charles le-Bel érigea le territoire qui environnait la ville d'Etampes en comté. Jean de France, duc de Berry, le céda à son frère Philippe-le-Hardi, duc de Bourgogne (1355). Le Dauphin, qui fut quelques années plus tard Charles VII, assiégea la ville en 1411, avec les ducs de Bourgogne, les comtes de Nevers, de la Marche, de Penthièvre, etc., etc. Les partisans des ducs d'Armagnac durent capituler, mais le sire de Boisredon se retira dans la citadelle avec un petit corps d'armée et soutint un siège opiniâtre pendant plusieurs semaines. Les troupes royales allaient se retirer, quand un Parisien, nommé Rossel, fit construire, au pied du donjon, dernière retraite des assiégés, une sorte de bâtisse à *toit incliné*, qui permit aux soldats du Dauphin de saper la muraille de la tour et de faire une brèche. Boisredon, réduit à merci, fit sa soumission. Les dames et *damoiselles* qui avaient partagé les souffrances du commandant en chef, pendant le siège, furent rendues à la liberté. J'ai lu, dans je ne sais quel ouvrage, que lesdites héroïnes avaient tendu leurs tabliers, en signe de bravade, comme pour y recevoir les projectiles envoyés par les assiégeants et qui ne pouvaient les atteindre. L'héroïque défenseur de la place ne fut pas condamné à mort, mais la garnison fut passée au fil de l'épée, sauf une trentaine de soldats qui furent ligottés et envoyés sous bonne escorte à Paris. Quant au sire de Boisredon, il périt misérablement quelques années après. Devenu le favori d'Isabeau de Bavière, femme de Charles VI, le connétable d'Armagnac, froissé par les impertinences et les rodomontades de ce courtisan, le fit jeter à la Seine cousu dans un sac, avec cette inscription : « laissez passer la justice du roi. » (1417).

Les guerres de religion furent funestes à la ville d'Etampes. Saccagée par les troupes allemandes en 1562, elle fut prise d'assaut par le capitaine Saint-Jean, frère de Montgommery (1567). Henri de Navarre s'en empara en 1589, pendant que cette ville servait de camp retranché aux troupes de la Ligue. Les habitants demandèrent de faire raser les fortifications. Le

Béarnais accueillit favorablement leur demande. Les fossés furent comblés et la forteresse démantelée.

Quelques mots suffiront pour faire la description de l'ancien château, complètement dévasté par les guerres et par la suite des siècles.

La tour de Guinette est élevée de trente mètres ; trois étages sont encore reconnaissables. La partie qui comprenait les créneaux est tombée depuis longtemps. De nombreuses lézardes déparent le donjon du château, dit des *Quatre Tours*, parce qu'il représentait la configuration de quatre tours engagées, qui comprennent des murs de quatre mètres d'épaisseur. Les escaliers qui desservent les étages sont encore praticables, malgré leur mauvais état. Pour arriver au sommet — vue admirable sur la vallée de la Juine — il faut grimper dans des échelles rustiques, octroyées par la municipalité économe de l'endroit, attendu que la ville a acheté en 1849 la tour Guinette, moyennant la somme de 7.500 fr. Ce dernier mot, je veux parler de Guinette, viendrait, d'après certains de mes collègues, d'une vieille expression *guigner*, qui veut dire, voir de loin, observer. La position et la hauteur de ladite tour permettraient de donner raison à ces savants étymologistes, mais j'avoue que j'aurais été bien aise de connaître l'avis d'un érudit confrère qui habite un département voisin.

L'hôtel du Grand-Courrier, qui remonte, d'après les Annales étampoises, à plus de cent ans, a été choisi par le comité pour restaurer les forces des partisans des monuments antiques. Au dessert, un toast, parfaitement *goûté* par l'assistance, a été prononcé par le trésorier de la Société, qui adresse des paroles de remerciements à nos collègues d'Etampes, pour leur cordiale réception, et aux cicérone de l'endroit, pour leur gracieuseté et leur complaisance, afin de guider le Congrès dans toutes les parties de la ville.

Après le déjeûner, on se rend à l'église Notre-Dame, fondée au XIe siècle par Robert le Pieux. Il ne reste plus de l'église primitive que la crypte, placée sous le chœur. Ce monument rappelle la forme d'une forteresse, à cause de la ceinture des créneaux, reliés par un chemin de ronde. Cette fortification remonte à 1353, pendant laquelle les vassaux de la couronne disputaient pied à pied leur territoire contre les Anglais. Les savants étampois prétendent que l'on doit écrire *Notre-Dame-du-For* et non *Fort*, attendu que cette église a été bâtie sur l'emplacement d'un marché fortifié de l'époque gallo-romaine (1). Le clocher, construit en énormes moëllons, consiste dans un ouvrage de maçonnerie épais et lourd, dans lequel, il apparaît des traces de construction du temps des premiers siècles de l'ère chrétienne. Quatre étages flanqués de quatre clochetons ajourés forment le dessin de ce clocher qui est un beau spécimen de l'art roman primitif.

La façade de l'Ouest est percée irrégulièrement de trois portes. Quand la cité était autrefois fortifiée, elle comprenait huit portes; la collégiale était aussi pourvue de huit autres. Cinq autres ont été murées. Le portail de l'Ouest montre un tympan des scènes de la vie de la Vierge. La *Visitation*, la *Nativité*, la *Fuite en Egypte*, le *Massacre des Innocents*, le *Couronnement*. La façade latérale sud nous donne un magnifique porche du XIII° siècle. Les sculptures en mauvais état, qui ornent l'espace du fronton compris entre les trois corniches, représentent l'*Ascension* et *les douze Apôtres*. La voussure renferme trente-six personnages, hommes et femmes, assis sur des tabourets, jouant de la lyre. Les sculptures ont été mutilées d'abord en 1563, par les Allemands, qui faisaient partie de l'armée de Condé, puis en 1793 par les sans-culottes, excités par Couturier, membre de la Convention Nationale (2). Ce porche est surmonté d'un petit auvent en pierre soutenu par des corbeaux à figure de lions. Une jolie porte romane décore l'entrée du nord. Le cloître est complètement détruit. Une ruelle étroite a été percée dans l'ancien cimetière, probablement réservé aux chanoines, parce que leur maison est située tout près de là ; cette construction, munie d'une tour à plusieurs angles, mérite d'être citée parmi les anciens monuments d'Etampes.

L'intérieur de Notre-Dame représente à première vue l'effet d'un monument bizarre, retouché à différentes époques,

(1) *Forum*, champ de foire, marché.
(2) *Guide Pittoresque*, par Maxime Legrand.

sans harmonie dans l'ensemble. J'ai constaté dans un grand nombre d'églises, construites au moyen-âge, cette ligne oblique du chœur et des collatéraux, attendu que les maîtres maçons d'alors bâtissaient leurs édifices en figurant l'inclinaison de la tête du Fils de Dieu, mort sur la croix. Les clefs de voûte sont admirables. L'un de ces pendentifs donne les figures des rois de France, représentés à mi-corps, à la rencontre des arcs ogives. Deux autres, montrent huit anges assis, quatre sur les arêtiers, les ailes abaissées et les autres dans les angles des arcs, les ailes déployées. La nef centrale et les deux bas-côtés forment une longueur de soixante mètres et une largeur de cinquante-deux mètres. Cette partie a été construite sous les règnes de Robert le Pieux et de Henri Ier. Le chœur, qui est terminé par un mur plein, est placé entre deux chapelles, qui n'ont pas la même dimension. Dans celle de gauche, deux statues en pierre du XIIe siècle, saint Pierre et saint Paul. Un vitrail porte la date de 1751 ; il représente la *Nativité* et le *Baptême du Christ*. Non loin de là, il y a la statuette de saint Clément, patron des meuniers, présent fait en 1869, par M. Huet, propriétaire à Etampes (1). La magnifique verrière, les *Sibylles*, date du XVIe siècle, a été restaurée, il y a quelques années par M. l'abbé Delanoue. Les douze sibylles sont montées dans un arbre, puis au sommet, il y a trois médaillons : la *Vierge*, l'*Enfant Jésus, Isaïe et David*.

Un double escalier conduit à la crypte, qui date de l'époque de l'église primitive, comme je l'ai dit précédemment. Ce fut, sans doute, dans cette chapelle souterraine que saint Savinien, évêque de Sens, saint Potentien, saint Altin et saint Victorien, apportèrent la bonne parole aux habitants de l'ancienne *Sempæ*. Plusieurs de mes collègues prétendent que cette crype était autrefois de niveau avec la voïe publique ; dans tous les cas, elle ressemble beaucoup à celle de Saint-Martin en Val, de Chartres. Le chœur de l'église Notre-Dame, placé au-dessus, est soutenu par plusieurs piliers, style roman primitif et les chapiteaux annoncent l'enfance de l'âge de la sculpture. Elle est divisée en trois nefs et comporte deux

---

(1) *Guide Pittoresque*, passim.

rangs de colonnes monocylindriques. Un trou béant marque la place d'un tombeau, mais j'ignore le nom du martyr de la foi, qui a été déposé dans ce sépulcre. Un véritable fouillis, composé de pierres avec inscription, fragments d'un monument Renaissance trouvés lors des travaux de la nouvelle sacristie, gargouilles des XII° et XIII° siècles, pierre tombale posée sur le sarcophage de Loys de Coustille, chapelain de Notre-Dame, en 1572, sont déposés dans ce lieu souterrain.

Une très jolie porte sculptée, (époque de la Renaissance), surmontée d'une inscription, donne accès à la sacristie. Autrefois, le trésor renfermait les précieuses reliques données par le roi Robert, mais elles furent emportées à Sens par l'archevêque Gilon, le 4 août 1282. La salle capitulaire, dans laquelle étaient déposés tous les papiers, registres et chartes de la collégiale, a été pillée, pendant la Révolution. La grande sacristie, ou *chapelle du Saint-Sépulcre*, bâtie au-dessus de l'ossuaire dans lequel sont déposées les dépouilles mortelles des chanoines et autres grands personnages. Jean de Foix, vicomte de Narbonne, comte d'Etampes (1475), marié à Marie d'Orléans, sœur de Louis XII, aurait été enterré dans ce caveau, à côté de sa femme. Les fouilles faites en 1868, afin d'agrandir la sacristie, ont mis à découvert les débris d'un tombeau Renaissance. Je me demande si ces fragments proviennent de la sépulture du père et de la mère de Gaston de Foix, célèbre capitaine français, mort à Ravenne en 1512.

L'entrée du local, destinée au service du culte, consiste dans une ouverture peu élevée, qui possède tous les caractères du XV° siècle, avec une Vierge, posée au milieu. Une colonne cannelée est placée tout à côté. A l'intérieur, voûtes peu élevées, à nervures très prononcées, même style que la porte d'entrée. Les clefs de voûte portent les armes d'Henry Sauglier, archevêque de Sens en 1130, ainsi que *Notre-Dame-des-Ardents*.

J'avais oublié de mentionner dans l'intérieur de l'église une fresque du XVI° siècle, représentant un *Ecce Homo*, ainsi qu'un assemblage de personnages qui donne la reproduction du Concile, tenu à Etampes, en 1130. Saint Bernard déclare le cardinal Grégorio de Papi élu comme pape, sous le nom d'Innocent II. Du côté opposé au chœur, très jolie statue, *Jésus Enfant*, contemplant une couronne d'épines, œuvre signée Robert, 1846. Près de la porte, un bénitier creusé dans un fût de colonne, style du XII° siècle.

A proximité de Notre-Dame, se trouve la maison de l'*Arche de Noé*, ancienne auberge. La façade, à pan coupé, porte dans une niche une Vierge en pierre, avec cette inscription :

> L'original de cette image
> Est un ensemble si parfait
> Que l'ouvrier qui l'a fait
> S'est renfermé dans son image (1)

L'église Saint-Basile, contemporaine de Notre-Dame, a été bâtie vers la même époque par Robert le Pieux et servait de paroisse à Etampes-le-Châtel. Elle fut séparée de la collégiale en 1221. Au chevet, on lit cette inscription « *Faxit Deus perficiar, anno 1559* ». Ce monument est resté inachevé. Cependant, cet édifice ne manque pas d'intérêt ; il comporte deux portails, l'un roman, l'autre Renaissance. Le premier paraît remonter au XI° siècle et on aperçoit dans une archivolte une scène du *Jugement dernier*. Je remarque à la voussure des anges en adoration. Les colonnettes et les chapiteaux sont admirables. La porte a conservé des ferrures qui sont très anciennes. Ce portail a été probablement construit entre 1125 et 1145. M. Auguste Magne a fait preuve d'une grande habileté en le restaurant en 1842. L'autre entrée date du XVI° siècle ; une statue de la Vierge et l'Enfant-Jésus, placée au-dessus, masque en partie une fenêtre ajourée. Le côté opposé — je veux dire l'entrée septentrionale — consiste dans une délicieuse tourelle octogone, munie d'un escalier en spirale.

Le clocher est roman ; fenêtres du XII° siècle. M. Anthyme Saint-Paul, savant archéologue, prétend qu'il aurait été bâti vers 1175. Recouvert d'une toiture en ardoises, dans le courant du XVI° siècle, ce clocher est percé de petites lucarnes du plus disgracieux effet. En 1625, il fut incendié par la

(1) *Guide Pittoresque*, p. 172.

foudre. Pendant la Révolution, les cloches furent enlevées et envoyées aux fonderies de l'Etat. L'une a été achetée par la fabrique de Chalo-Saint-Mard (1).

L'intérieur ne comporte qu'une nef de cinq travées. Quatre énormes piliers carrés et huit octogonaux, sans ornementation, servent de support à cet édifice. Double rang de chapelles latérales dans les bas côtés. La consécration de cette église a eu lieu en 1476, par Tristan, archevêque de Sens. Un vitrail ancien, placé dans le transept de droite, donne les figures de saint Bernard, d'Innocent II et de Tristan de Salazac — l'archevêque de Sens, dont je viens de parler — reproduit la scène de consécration. La verrière du XVI° siècle, placée dans la fenêtre qui éclaire le chœur (terminé comme à Notre-Dame, par un mur perpendiculaire), donne différentes scènes de *la Passion* ; un fragment de pierre tombale a été déposé, il y a quelques années dans une chapelle. Ce souvenir funèbre provient de l'église Sainte-Croix, démolie en 1895 (2). La première chapelle de droite contient, fixés dans la muraille, plusieurs personnages minuscules, sculptés en bas-reliefs sur pierre, qui rappellent la *Vie de Jésus*. Je crois que ces bas-reliefs proviennent de l'église d'Etrechy. Un très curieux tableau, qui était autrefois dans l'église Sainte-Croix, mérite une analyse particulière. « Les *disciples d'Emmaüs*. » Le Christ, sous les traits de Sixte-Quint, préside un banquet, ayant à ses côtés François Ier et Charles-Quint. Le roi d'Angleterre Henri VIII, costumé en domestique, serait chargé de servir ces trois têtes couronnées, en qualité d'hérétique. Je remarque, en sortant, le buffet d'orgues et les belles boiseries, style du XVIII° siècle, qui forment le tambour de la principale porte d'entrée. Avant la Révolution, ces boiseries se trouvaient au château d'Andouville (3). Le 8 décembre 1870, à la suite de nos revers, un grand nombre de soldats français furent enfermés dans les églises de la ville. Un certain nombre de ceux qui étaient

(1) *Guide Pittoresque*, p. 100.
(2) *Sainte-Croix*, autrefois collégiale, a été construite par Philippe Ier, en 1183, sur l'emplacement d'une synagogue, après l'expulsion des Juifs.
(3) Arrondissement de Pithiviers.

détenus à Saint-Basile, purent s'échapper, à l'aide de la complicité des habitants, qui leur procuraient des vêtements civils, en passant par l'escalier des orgues et purent tromper la vigilance des Allemands.

L'église Saint-Gilles, autre paroisse d'Etampes, remonte à peu près à la même époque que Notre-Dame et Saint-Basile, c'est-à-dire au XI° siècle. Le clocher date du XII° : il consiste en quatre combles terminés en pointe. L'intérieur est divisé en trois nefs, avec chapelles latérales. Belles pierres tombales sauvées de la destruction par un vicaire de la paroisse, M. l'abbé Guillet (1). La plus ancienne remonte à 1509. L'une de ces épitaphes a recouvert le tombeau d'un officier du roi et échanson de la reine. Quelques-uns de mes collègues prétendent que la plupart de ces inscriptions proviennent de marchands de vins et hôteliers du XVI° et du XVII° siècles. Les autres pierres funèraires portent des personnages en pied, le visage, les mains, les pieds taillés dans des plaques de marbre blanc encastrés dans la dalle. J'emprunte l'expression heureuse de M. Maxime Legrand ajoutant que ces personnages fantasmagoriques semblent se livrer à une *danse macabre*, qui est d'un effet saisissant.

Le dernier monument religieux visité par le Congrès est l'église Saint-Martin, située à une distance assez éloignée du centre de la ville, dans le faubourg d'Etampes-les-Vielles. Un omnibus nous conduit à destination.

Cette collégiale, bâtie dans le style de transition du XI° et XII° siècles, aurait succédé à un monument plus ancien, fondé par Clovis II. Les moines de Morigny (2) étaient devenus propriétaires de Saint-Martin, ainsi que des autres édifices religieux du vieil Etampes, par suite d'une donation faite par Philippe Ier, en 1106. M. Anthyme Saint-Paul, auteur d'une excellente brochure sur les monuments d'Etampes, nous apprend que le chœur de cette église a été construit entre 1145 et 1175. Dans le siècle suivant, des agrandissements ont été opérés, puis il est probable que l'église était achevée au XIV° siècle,

(1) *Guide Pittoresque.*
(2) Abbaye de l'Ordre de Saint-Benoît, actuellement en ruines, située près d'Etampes.

attendu qu'à cette époque, un clocher — aujourd'hui démoli — bâti à gauche du grand portail, aurait remplacé celui de la *Reine Blanche,* tombé en ruines et édifié au XIII° siècle, au transept de droite, au-dessus de la sacristie actuelle. Nouvelles déceptions !!! Au XVI° siècle, par suite d'un affaissement de terrain, occasionné par le tassement du sol, le clocher fut jeté à terre parce qu'il entraînait la destruction de toute la dernière travée, puis on construisit la tour du XVI° siècle, qui se trouve à l'entrée de l'église. Elle masque l'ancien portail et penche d'une manière fort sensible.

La nef et les bas-côtés comportent cinq travées. Très gracieux triforium, malheureusement incomplet, qui entoure le chœur. Des arcades qui reposent alternativement sur des colonnes cylindriques et des colonnettes accouplées, forment le déambulatoire. L'abside consiste également en cinq travées en demi-cercle. Trois chapelles très étendues sont construites en dehors de l'édifice.

Je ne puis décrire toutes les maisons historiques de la ville, parce que cela me paraît de toute impossibilité, à cause du temps restreint, qui nous reste à parcourir la vieille cité d'Etampes. Je ferai seulement une courte description de la maison d'Anne de Pisseleu, de l'habitation de Diane de Poitiers et de l'Hôtel-de-Ville.

Je commence par celle qui fut habitée par la maîtresse de François Ier. La tourelle, placée à l'angle de la façade, porte la date de 1538 ; sa toiture est en forme de clocher (1) médaillon mutilé de François Ier, placé au-dessus d'une porte peu élevée, ravissants bas-reliefs qui surmontent la principale entrée. La façade porte des ornements et des figures mythologiques — Mercure et Cléopâtre. — Cette maison appartient actuellement à un commerçant.

Cet hôtel, style Renaissance, a été bâti, par Anne de Pisseleu (2). Le Père des Lettres lui donne par lettres patentes, signées à Chantilly, le 23 juin 1534, le comté d'Etampes. « *La plus savante des belles, et la plus belle des savantes,* serait née

---

(1) *Guide Pittoresque.*
(2) Née de Helly, mariée à Jean de Brosses, comte de Penthièvre.

en 1508 et aurait été remarquée par le roi, à son retour d'Espagne (1526), pendant que cette jolie personne était demoiselle d'honneur de Louise de Savoie. Le poète Clément Marot lui décerna des vers pendant son séjour à Etampes et compare le ravissant site de cette localité au val de Thessalie « pour y loger de France, la plus belle ». Les historiens ne peuvent indiquer la date et le lieu de son décès. La bibliothèque nationale possède une lettre autographe de la duchesse d'Etampes, portant la date du 12 septembre 1585. Depuis cette époque, on perd les traces de la belle favorite. D'aucuns prétendent qu'elle s'était retirée dans un cloître, mais je donne ce renseignement sous toutes réserves.

La rue Sainte-Croix a conservé son caractère du XVIe siècle. La maison de Diane de Poitiers occupe le premier rang, à cause de son architecture de la Renaissance. La décoration de cette demeure quasi-royale aurait été exécutée par Jean Goujon, vers 1554, d'après M. Stine (secrétaire de la société historique du Gatinais). La façade consiste dans une porte en forme de demi-cercle, surmontée d'un ornement en triangle. Au-dessus de la clef de voûte, on lit; « *Caisse d'Epargne.* » Les deux pliers qui soutiennent le fronton sont pourvus de chapiteaux d'ordre corinthien. Les fenêtres du premier étage montrent de gracieuses sculptures et de fines moulures, tandis que les ouvertures du rez-de-chaussées ont été appropriées à la moderne.

Diane de Poitiers fut créée duchesse d'Etampes en 1553. L'année suivante, elle fit construire cette maison. J'ai pu, grâce à l'ouvrage de M. Legrand, me procurer les noms des propriétaires qui ont acquis cet immeuble depuis le milieu du XVIIe siècle. Je constate, en 1655, Charles Dupré, procureur à Etampes. Les héritiers Charron vendent en 1680, à Jacques Viart, sieur de Villette. Dix-neuf ans après, cet hôtel passe aux héritiers Viart qui le cède, la même année, à Jacques Petit de Mézières, chef chantre et chanoine de Notre-Dame. A partir de 1753, le livre ci-dessus mentionné ne donne plus la liste des heureux possesseurs de ce bijou Renaissance. Je sais seulement que la Caisse d'Épargne a été installée dans ce local le 16 mars 1878 (1). La municipalité fit l'acquisition de cette maison par acte de vente, en date du 16 janvier 1883, qui appartenait à M. Armand de Bouraine. Plus tard on y installa le Musée.

La façade de la cour intérieure est ravissante. Un très joli bas-relief représente *la Descente du Saint-Esprit sur les Apôtres*. Il est placé au-dessus de la porte construite entre deux colonnes corinthiennes cannelées. Quatre fenêtres éclairent cette partie de l'édifice. Celles du premier étage sont cintrées, les autres forment des lucarnes, agrémentées de guirlandes de fruits, portant au centre une tête de lion, la gueule traversée d'un anneau. Deux petits personnages sont placés au sommet, tandis que deux génies, complètement nus, semblent garder l'entrée de ces ouvertures, en compagnie de sphinx. Le sculpteur Sandrier a restauré, il y a quelques années, ces deux lucarnes et les sculptures primitives, qui sont l'œuvre de Jean Goujon, ont été déposées au Musée lapidaire (2). Les armes de France et de Diane de Poitiers sont souvent répétées, ainsi que les lettres D et H entrelacées, comme au château d'Anet. Les armoiries de la veuve de Louis de Brezé sont *d'azur aux six annelets d'argent, placés trois, deux et un, au chef d'or, surmontés de la couronne ducale.*

Le Musée est assez important. Un grand nombre de choses curieuses ont été groupées dans ce local, ainsi que dans le jardin qui renferme plusieurs débris de sculptures. Dans une salle, il faut signaler au premier rang, la collection de maquettes et moulages du sculpteur, Elias Robert (3). M. Legrand dit avec raison que la classification des objets n'est pas parfaite — je partage son avis — parce que les pièces les plus disparates sont accolées les unes à côté des autres. Ainsi des armes en silex, puis des sagaies qui proviennent de la Nouvelle-Calédonie sont placées à côté des sabres de la Révolution. Des épées du XVIe siècle touchent des serpents anna-

---

(1) Je dois rappeler que, par une singulière coïncidence, deux maisons, ayant appartenu à Diane de Poitiers, sont devenues *Caisses d'Epargne*. Le même fait existe à la Rochelle.

(2) *Guide Pittoresque*.

(3) **Né à Etampes le 15 septembre 1819.**

mites, conservés dans l'esprit de vin. *Trois hacquebuttes* (1), trouvées dans le puits de la tour Guinette, portent les armes de Henri II et de Diane de Poitiers. Le sceau de Guillaume Ménier, gouverneur du château d'Etampes, au XIII° siècle, découvert en 1866, pendant les fouilles faites à l'église d'Etrechy, ainsi que ses poteries anciennes, bijoux gallo-romains-mérovingiens et autres, forment un ensemble très remarquable. Je m'arrête quelques instants devant une énorme pierre de taille, mesurant soixante-cinq centimètres de hauteur sur quarante-huit de largeur. J'apprends qu'elle provient des cachots de la Bastille et qu'elle a été envoyée par le citoyen Palloy, au commandant du district d'Etampes, après l'assassinat de Simonneau (2) ; une copie de la lettre, adressée à la veuve de l'héroïque maire d'Etampes, est encadrée dans ce moëllon, portant la signature de Gensonné, président de l'Assemblée nationale, à la date du 25 mars 1792, an IV de la Liberté.

L'hôtel de ville a été bâti vers 1514, sous le règne de Louis XII. Une tour octogonale, terminée par un toit à pointe aiguë, se trouve située à gauche de cet hôtel qui fut habité par François Ier. Les angles sont formés par des guérites en briques qui terminent une toiture pyramidale. Superbe fenêtre à meneaux, placée au-dessus d'un balcon qui forme portique : La porte d'entrée est de petite dimension. Je n'ai pas visité cet ancien logis, converti en bibliothèque publique. Elle renferme 4.500 volumes et en certain nombre de manuscrits.

La place du Théâtre est ornée d'une statue d'Etienne Geoffroy Saint-Hilaire, œuvre d'Elias Robert. Cet illustre professeur au Muséum est né à Etampes en 1772. Je n'ai point à faire sa biographie, mais je rappellerai seulement que cet infatigable travailleur, frappé de cécité, a été qualifié de victime de la science. Je crois qu'il est décédé en 1844.

(1) *Guide Pittoresque.*
(2) Le 4 mars 1792, Jacques Guillaume Simonneau, maire d'Etampes, fut assassiné par une bande d'insurgés, qui prirent pour prétexte l'abaissement du prix du blé. Malgré ses blessures, le maire répondit à ses assassins : « Ma vie est à vous, vous pouvez me l'ôter, mais je ne manquerai jamais à mon devoir. »

La cloche du *Grand Courrier* nous apprend qu'un souper nous attend dans la grande salle de l'hôtellerie. Après un plantureux repas, nous prendrons le chemin de la gare pour regagner Chartres. Je n'oublierai pas de sitôt le visage souriant, rubicond et gouailleur du maître d'hôtel, qui nous souhaite bon voyage et prompt retour. A dix heures, nous sommes de retour dans le chef-lieu d'Eure-et-Loir.

VIII

Déjeuner a Courville. — Visite de l'église. — Excursion au chateau de Villebon. — Retour a Chartres par Saint-Georges-sur-Eure. — Séance de cloture.

Mardi 3 juillet.

Les voitures louées pour la dernière excursion sont rangées sur le cours Sainte-Foy. Une quinzaine de véhicules doivent nous transporter à travers la plaine, je veux dire la Beauce. Notre convoi est arrêté à la sortie de la ville, pendant un quart d'heure, pour laisser passer les trains de la ligne de l'Etat, puis nous suivons la grande route de Chartres au Mans. Plus loin, ce sont des escadrons de cuirassiers qui interceptent le passage. Le chemin de fer côtoie la voie de terre, mais nous ne traversons aucun village, avant notre destination, je veux dire Courville. La rivière d'Eure paraît sur la gauche et c'est un bien timide ruisselet. Un large fossé, complètement desséché, traverse la route nationale. J'apprends que c'est l'ancien canal projeté par Vauban, destiné à capter les eaux de l'Eure.

Voici Courville, petite ville située sur la rive droite de l'Eure. L'église, bâtie vers la fin du XVe siècle, qui servait de chapelle aux sieurs de Vieux-Pont. Je regrette de n'avoir pas entre les mains le livre de M. Pelé, maire de la localité, intitulé *Courville*, car j'aurais pu y puiser un grand nombre de documents intéressants, pour l'histoire de ce chef-lieu de canton.

Cette église comporte une nef de quarante-six mètres de longueur ; tandis que la largeur mesure environ onze mètres.

Elle a été construite dans le style ogival et présente la forme d'une croix latine. Je note rapidement le chœur, le banc-d'œuvre, puis l'arc triomphal placé à l'entrée de la partie de l'église où se tiennent les chantres, avec un très beau Christ, situé au-dessus. Les poutres qui soutiennent la charpente sont sculptées d'une manière admirable puis elles méritent une mention spéciale. Les statues de Saint-Pierre et de Saint-Paul, placées dans des niches, ont un caractère tout à fait original. Le maître-autel, en bois de chêne sculpté et orné de colonnes torses sur lesquelles sont fixées des grappes de raisins, soutient un gracieux baldaquin. Je gage que ce maître-autel date du XVIIe siècle.

Quelques maisons, à l'aspect du XVe siècle, sont dignes d'attention, à cause de leur construction en bois : la corniche fait saillie sur la voie publique. Les siècles précédents — je veux dire les XIe et XIIe — sont représentés par l'hôpital actuel, ancienne maison du prieuré Saint-Nicolas, puis par un autre bâtiment qui a servi de résidence aux chevaliers de Malte.

Le déjeuner a eu lieu au *Café Agricole*. M. Denfert, pâtissier, nous a traités mieux que le gâte-sauce de Châteaudun. Je puis l'affirmer. Un certain pâté, dit de Chartres, a fait le plus grand honneur à l'habile cuisinier de l'endroit et j'ajoute que les mets délicats que je viens de désigner ont remporté tous les suffrages des archéologues. Avant de lever la séance — que mes honorables confrères me pardonnent ce rapprochement avec la science — M. Travers prend la parole et remercie, en termes bien sentis, M. Pelé, premier magistrat municipal de Courville, pour son bienveillant accueil; puis notre trésorier termine sa harangue, en adressant des éloges à MM. Lorin, Maugars, Durand et Champagne, pour leur compétence en archéologie qui a permis à notre docte compagnie de visiter les monuments les plus intéressants de leur département. Une médaille a été décernée à M. l'abbé Auger, curé de Courville, pour le récompenser des soins donnés à son église. Charmante improvisation de M. Pelé, qui s'adresse particulièrement aux dames; « les perles de l'assemblée ».

Le hérault d'armes — je m'adresse à l'ami Chevallier — donne le signal du départ. Chacun regagne son traînage, puis notre cortège passe à travers une double haie — sans épines — de Courvillois et Courvilloises qui nous font une ovation sympathique.

Je ne parle pas du parcours de Courville à Villebon, parce que nous sommes en pleine Beauce et il n'y a rien à noter. Vers une heure et demie, les voitures s'arrêtent devant le château de Villebon. Je reconnais plusieurs demoiselles, venues de Chartres à bicyclettes, sous la conduite d'un aimable architecte ; pour la circonstance — le *mouton devient berger* — puis j'ai le plaisir de revoir une séduisante dame, qui a toujours été très fidèle à nos excursions.

Le château de Villebon, qui a jadis appartenu à Sully, est entouré de douves et précédé d'un pont-levis parfaitement conservé. L'entrée du parc est fermé par une grille en fer forgé dont les reflets dorés scintillent au soleil. Les serres, qui se trouvent dans un terrain situé à droite du château, ont été construites au siècle dernier. Malheureusement, ce lieu, destiné à la réserve des plantes rares des orangers et des jasmins, ne peut être visité.

M. le marquis de Pontoi-Camus de Pont-Carré nous fait les honneurs de son château princier avec une grâce charmante. Malgré son grand âge, cet agréable gentilhomme nous sert de cicerone, à travers une infinité d'appartements, reliés entre eux par un dédale de vestibules.

Je viens d'écrire que ce château, construit en forme de forteresse, était entouré de fossés, qui sont alimentés par les eaux du Loir. Cette rivière prend sa source dans les environs. La façade principale présente quatre grosses tours couronnées de créneaux et de mâchicoulis. Une passerelle fixe est placée devant la poterne, tandis que le pont-levis se trouve devant la grande porte. Les bâtiments qui se trouvent dans la cour intérieure sont construits en briques rouges, époque du commencement du XVIIe siècle. Les bustes de Sully et de sa femme sont placés dans des niches.

Cette habitation seigneuriale, remarquable par sa belle conservation, a appartenu à Jean d'Estouteville, seigneur de Torcy et d'Estoutemont. Vers 1450, elle passa à la famille de

Béthune-Sully. Il est donc incontestable que le grand ministre et ami de Henri IV était propriétaire de ce domaine, par suite d'héritage. Après la mort du Béarnais, le duc de Sully se retira dans ce château, après l'avoir approprié à sa convenance. Il fit raser les vieilles murailles qui dataient du XV° siècle et adopta le plan de la Bastille, dont il avait été le gouverneur. La tradition veut que ce soit dans cette retraite que cet homme d'Etat ait composé ses *Mémoires,* sous le titre d'*Economies royales.*

Une vaste galerie, située au premier étage, contient toutes sortes de choses intéressantes, telles que cuirasses, armures, boucliers de chevaliers, recueillis sur le champ de bataille d'Ivry. Des cailloux arrondis, destinés sans doute à l'usage des bombardes, sont déposés en tas, sous une table, à l'extrémité de la salle. Le lit sur lequel le surintendant des finances a rendu le dernier soupir, (22 décembre 1641), a été conservé, ainsi que les draperies et les meubles qui ornaient cette chambre à cette époque. La pièce qui était occupée par le *Vert-Galant* est contiguë à celle du seigneur de Villebon. J'ai lu quelque part qu'en 1634 le baron de Rosny avait été créé maréchal de France. Quoique huguenot, il avait conseillé à Henri IV d'abjurer le protestantisme, en disant : « Il est nécessaire que vous soyez papiste et que je demeure réformé. »

Le varlet — pour employer le vieux style, — chargé de conduire les membres de la Société, nous mène jusqu'au sommet de la tour placée à l'extrémité de la partie droite, afin de nous rendre compte de l'importance de ce lieu fortifié. Les chemins de ronde sont très visibles. Le château comprend sept tours, quatre du côté de la façade principale et trois du côté opposé. Cet ancien château féodal forme un carré ; avant l'invention de l'artillerie, il était très difficile de le prendre d'assaut. Je remarque une très jolie frise, placée dans une des tours, dont un étage était jadis converti en oratoire.

Dans une des salles du rez-de-chaussée, les murs sont ornés de peintures, qui donnent la reproduction des châteaux ayant appartenu à Maximilien de Sully, Sully-sur-Loire, Rosny, Nogent, Villebon et Courville.

La chapelle ogivale, d'un style élégant, est située derrière le château. La tribune royale, appelée ainsi en souvenir de Henri IV, a conservé l'étoffe de velours avec bordure en argent, puis un prie-Dieu sur lequel s'est agenouillé le roi de France et de Navarre. Les chaises en tapisserie, destinées aux seigneurs de la cour, datent de la même époque. Le cœur de Sully a été déposé dans une urne en plomb. Son corps repose à l'hôtel-Dieu, de Nogent-le-Rotrou. Quelques vitraux du XVIe siècle. L'une porte la date de 1586, avec inscription dans un cartouche. L'autel, style Renaissance, est pourvu d'une colombe eucharistique, fixée par un cordon doré. Près de l'autel, plusieurs épitaphes en lettres d'or, sur marbre noir, qui désignent les sépultures : 1° de Magdeleine-Henriette-Maximilienne de Bethune-Sully, veuve de Charles-François de l'Aubespine, née à Paris le 14 mars 1714 ; 2° de Pierre-Maximilien de Bethune-Sully ; 3° de Louise Desmarets, décédée au château de Villebon le 4 février 1802 (1). Cette chapelle est ouverte au public, je veux dire aux habitants de Villebon, le dimanche et jours de fête.

Le départ a lieu vers quatre heures. Quelques instants d'arrêt à Saint-Georges-sur-Eure, commune du canton de Courville, pour visiter l'église. Une seule entrée, du côté du champ de repos. Portail Renaissance, surmonté d'un bas-relief, qui représente saint Georges, terrassant le dragon (1546). L'autel principal, avec son gracieux dais, mérite d'être cité particulièrement.

Le ciel devient obscur tout d'un coup. Un nuage noir enveloppe l'horizon sans fin, qui se trouve devant nous, c'est-à-dire du côté de Chartres, puis une averse mêlée de grêlons, marque la dernière excursion du Congrès, faite à travers ce pays aride, uniforme et fastidieux situé autour de la cité beauceronne. Un superbe arc-en-ciel couvre de ses teintes prismatiques les flèches de la cathédrale et annonce la fin de l'orage, puis vers six heures nous atterrissons place des Epars.

Je reproduis très rapidement la séance de clôture, ayant eu

---

(1) Après la mort de cette dame, Villebon passa en 1810, au marquis Jules-Frédéric de Pontoi, aïeul du propriétaire actuel.

lieu à neuf heures du soir, sous la présidence de M. le comte de Ghellinch. Les membres du bureau ont été MM. Roger, Durand, Dangat, marquis de Fayolle et Travers. Les fonctions de secrétaire sont remplies par M. l'abbé Langlois.

M. de Ghellinch prend la parole et exprime en termes parfaitement choisis qu'il est très heureux de présider cette dernière séance. Cette réunion sera malheureusement la clôture de nos fêtes archéologiques à Chartres, ville hospitalière entre toutes. Le délégué belge remercie cordialement les membres de la Société Française d'Archéologie ; cette semaine, passée dans la cité beauceronne, sera inscrite en lettres d'or dans les annales de la confrérie et chaque congressiste gardera un excellent souvenir de cette localité, où la beauté des monuments n'a d'égale que l'aménité du caractère des habitants. Aux environs de Rome, il existe une fontaine dans laquelle chaque visiteur jette une pièce de billon, parce que, d'après un viel adage, celui qui lance un sou dans ce bassin rempli d'eaux vives revoit la Ville Eternelle. Si le même phénomène se renouvelait à Chartres, nous ferions en sorte de semer, dans tous les quartiers de la ville, une pièce de monnaie pour admirer de nouveau sa magnifique cathédrale et ses autres édifices. Le président termine en adressant ses éloges mérités à la presse locale.

Je relève les noms suivants dans la liste des récompenses : M. l'abbé Bouillé, pour son ouvrage sur *Sainte Foy*, en collaboration avec M. Servières. Grande médaille de vermeil offerte, en souvenir de M. le comte de Marsy, à M. Noël Thiollier, pour son ouvrage sur *L'Architecture religieuse à l'époque romaine dans l'ancien diocèse du Puy*.

Une médaille de vermeil à MM. l'abbé Leduc et Gabriel Fleury, pour leur ouvrage sur *La Cathédrale de Saint-Julien du Mans, ses évêques, ses architectes et son mobilier* ; 2e à M. Lorir, pour la délicieuse fabrication de ses vitraux artistiques qui occupe le premier rang en France, etc., etc.

Médailles d'argent à M. l'abbé Gabriel Clerval, l'abbé Métais et l'abbé Langlois, domiciliés à Chartres, puis à l'abbé Sainsot, de Terminiers.

M. Travers, après avoir donné la nomenclature des ouvrages déposés sur le bureau du Congrès, informe l'assistance qu'un vœu a été formé par M. de Villefosse pour exhorter le Conseil municipal de Chartres de faire en sorte que les greniers de Loëns soient convertis en musée lapidaire.

La communication humoristique, faite par M. l'abbé Métais sur la barbe, a jeté la note gaie parmi les graves archéologues. Je ne rappellerai pas les propos piquants prononcés par un de nos collègues rochelais, sur cette question velue, mais je dois dire qu'elle a soulevé une profonde hilarité parmi l'auditoire.

M. Denizard lit une note sur l'ancienne abbaye des Cordeliers à Chartres, sise au numéro 42 de la rue Saint-Michel. La série des travaux est terminée par M. Quarré-Reybourbon qui fait une communication sur la ville de Lille en 1677.

Le congrès est dissous. Je ne puis terminer mon long compte rendu sans adresser quelques paroles de remerciements aux membres du comité d'organisation de Chartres, en particulier à MM. Lorin et Maugars, pour l'obligeance, la prévenance et la gracieuseté, avec lesquelles ils ont reçu les membres de la Société, pendant une huitaine de jours. Je me souviendrai éternellement de la semaine passée dans la vieille cité des Carnutes et j'envoie à ces deux messieurs l'expression de ma profonde gratitude.

ERRATUM

Page 23, première ligne, au lieu de *XIIe siècle*, lire *IXe siècle*.

www.ingramcontent.com/pod-product-compliance
Lightning Source LLC
Chambersburg PA
CBHW070303100426
42743CB00011B/2333